Stephanie Grafe

Identitäten im Übergang

Psychologie

Band 51

LIT

Stephanie Grafe

Identitäten im Übergang

Perspektiven und Bewältigungsformen
jugendlicher Flüchtlinge
in der Einwanderungsgesellschaft Deutschland

LIT

Umschlagbild: Wiebke Aits; www.wiebkeaits.de

Bildbearbeitung: Aykut Taşan, www.architekt-soziales.de

Gedruckt auf alterungsbeständigem Werkdruckpapier entsprechend
ANSI Z3948   DIN ISO 9706

Bibliografische Information der Deutschen Nationalbibliothek
Die Deutsche Nationalbibliothek verzeichnet diese Publikation in der
Deutschen Nationalbibliografie; detaillierte bibliografische Daten sind
im Internet über http://dnb.d-nb.de abrufbar.

ISBN 978-3-643-12121-9

© LIT VERLAG Dr. W. Hopf Berlin 2013
Verlagskontakt:
Fresnostr. 2   D-48159 Münster
Tel. +49 (0) 2 51-62 03 20   Fax +49 (0) 2 51-23 19 72
E-Mail: lit@lit-verlag.de   http://www.lit-verlag.de

Auslieferung:
Deutschland: LIT Verlag Fresnostr. 2, D-48159 Münster
Tel. +49 (0) 2 51-620 32 22, Fax +49 (0) 2 51-922 60 99, E-Mail: vertrieb@lit-verlag.de
Österreich: Medienlogistik Pichler-ÖBZ, E-Mail: mlo@medien-logistik.at
Schweiz: B + M Buch- und Medienvertrieb, E-Mail: order@buch-medien.ch
E-Books sind erhältlich unter www.litwebshop.de

Inhalt

Dank

An dieser Stelle möchte ich mich bei allen Personen bedanken, die mich bei der Erstellung dieser Arbeit unterstützt haben.

Mein besonderer Dank gilt den Jugendlichen, die trotz ihrer schwierigen Situation bereit waren, sich auf die Begegnung mit mir sowie dem Forschungsprozess einzulassen und mir somit wertvolle Einblicke in ihre Lebenswelt ermöglichten.

In diesem Zusammenhang möchte ich auch den MitarbeiterInnen der verschiedenen Einrichtungen und Institutionen für die Zusammenarbeit danken, ohne die der Kontakt und die Gespräche nicht zustande gekommen wären.

Ich bedanke mich bei Prof. Dr. Maya Nadig für das Interesse und die Offenheit für mein Vorhaben sowie die fachliche Beratung und Inspiration an den unterschiedlichen Punkten des Forschungsprozesses. Besonders freue ich mich am Ende meines Studiums die Möglichkeit erhalten zu haben an der Schnittstelle von Psychologie und Kulturwissenschaft meine Ausbildung um viele wertvolle Erkenntnisse und Perspektiven erweitern zu können.

Auch Dr. Sylke Meyerhuber möchte ich für die konstruktiven Gespräche und die transparente Darlegung ihrer Erwartung danken.

Mein herzlicher Dank geht an diejenigen Menschen, die mir in den verschiedenen Phasen der Entstehung der Arbeit hilfreich zur Seite gestanden haben. Für Zuspruch und Motivation, Rat, Verständnis, Geduld sowie der praktischen und oftmals kreativen Unterstützung möchte ich mich besonders bedanken bei: Wiebke Aits, Natascha Grdic, Gesa Kranz, Berna Kurnaz, Marie Piotrowski, Verena Piotrowski sowie Sascha van den Bongard, Hasan Dogan und Marcel Kruse.

Mein ganz besonderer Dank gilt meinen Eltern Ute und Uwe Grafe, dafür dass sie mir den Weg zum sowie durch das Studium ermöglichten, für die vielfältige Unterstützung und das stete Vertrauen.

Bremen, im Januar 2013

Stephanie Grafe

Vorwort

Die vorliegende Studie von Stephanie Grafe beschäftigt sich mit der Thematik der Migration, speziell der Migration von jugendlichen Flüchtlingen nach Deutschland.

Diese klare und ansprechende Arbeit unternimmt vor dem Hintergrund neuerer Untersuchungen zu Flucht, Migration, Trauma und Bewältigung eine empirische Untersuchung mit ethnopsychologischer Ausrichtung. Anlässlich derzeit öffentlich sowie politisch geführter Diskussionen über die Gestaltung Deutschlands als Einwanderungsgesellschaft betont Frau Grafe die Dringlichkeit die dichotome und eine Exklusion beinhaltende Konstruktion von „Flüchtling" kritisch zu hinterfragen und zugleich die Sichtweisen der betroffenen Individuen in den Vordergrund zu stellen. Die Forschungsarbeit konzentriert sich angesichts steigender Ankunftszahlen auf die Gruppe der unbegleiteten minderjährigen Flüchtlinge, die ohne den Schutz ihrer Familien im besonderen Maße auf die Unterstützung von Staat und Gesellschaft angewiesen sind.

Anhand narrativer Interviews wird untersucht, wie junge Asylbewerber ihre Lebenssituation in Deutschland erleben, welchen Schwierigkeiten und Belastungen sie begegnen und welche Ressourcen und Strategien ihnen bei der Bewältigung dieser Anforderungen zur Verfügung stehen. Stephanie Grafe bearbeitet die aufgeworfenen Fragen systematisch anhand von Theorie und Empirie. Dazu wurden verschiedene Konzepte und Forschungen zur Flucht und Theorien zum Trauma (Riedesser), posttraumatischen Belastungsstörungen und der sequentiellen Traumatisierung nach Keilson in die Forschung aufgenommen und angewandt. Mit drei Gesprächspartnern führte Stephanie Grafe Interviews und stellte die geführten Gespräche, mit zwei Personen aus Westafrika und einer aus dem mittleren Osten, in der Form von Fallgeschichten dar, um sie auf den persönlichen Umgang mit der Flucht und den damit verbundenen traumatischen Erfahrungen hin zu analysieren. Die Gespräche waren schwierig und schienen im ersten Moment schwer interpretierbar, weil die Dialoge von den jugendlichen Flüchtlingen vor ihrem migrationspolitischen Hintergrund oft strategisch geführt wurden. Daher sind sie schwer zu interpretieren. Stephanie Grafe reflektiert und positioniert sie aber umfassend und von verschiedenen Perspektiven aus und zeigt, dass sie zwar für eine direkte Inhaltsinterpretation nicht sehr geeignet sind, für eine Analyse der strukturellen Diskurse und Verhaltensweisen aber durchaus ergiebig sein können. Durch die ethnopsychoanalytische Zugehensweise entstehen Einblicke in die komplexen Strategien von diesen Jugendlichen, die darum kämpfen, nicht gleich wieder abgeschoben zu werden. Die Gespräche und der Umgang damit lassen eine große Sensibilität der Verfasserin für solch heikle Zusammenhänge in dieser qualitativen ethnographischen Forschung spüren.

Die Auswertung ergänzt und verbindet die Reflexion der subjektiven Aspekte im methodischen Vorgehen mit der qualitativen Inhaltsanalyse nach Mayring. Das methodische Vorgehen wird durch die ganze Arbeit hindurch nachvollziehbar aus theoretischer Perspektive begleitet und bezüglich der realen Verhältnisse und Störungen reflektiert. Bei den Deutungsprozessen war die ethnopsychoanalytische Deutungswerkstatt in unserem Magisterkolloquium sicher hilfreich, um die Verbindung zwischen der individuellen Psychodynamik und den transkulturellen Verhältnissen während der Flucht herauszuarbeiten.

Es ist dabei eine klare, informative und wissenschaftlich transparente Forschungsarbeit entstanden, die ein gutes Beispiel für eine gelungene dichte Darstellung eines kleinen Forschungsprozesses ist, bei dem die ethnopsychoanalytisch orientierte Analyse die Komplexität des Ge-

genstandes erhellt, indem sie die Verwobenheit zwischen wissenschaftlichen Konzepten, Politik und der persönlichen Psychodynamik herausarbeitet. Die wiederholten Gespräche wurden so differenziert und einfühlsam geführt, dass sowohl der politische Kontext, als auch die Subjektivität, Traumatisierung und persönliche Lösungsstrategien der jungen Menschen deutlich werden. Die differenzierte und prozesshafte Auswertung vermittelt einen wertvollen Einblick in die Situationsstruktur von jugendlichen Asylbewerbern und ihrer psychologischen Dynamik. Die vergleichende Betrachtung der Gespräche zeigt, dass für die Jugendlichen bei der Gesprächsführung durchaus ähnliche Motivationen von Bedeutung waren. Die inhaltliche Ausgestaltung ihrer Situation ist jedoch in hohem Maße individuell geprägt. Ihr Erleben ist stark von inneren und äußeren Belastungsfaktoren beeinflusst, denen sie auf ganz unterschiedliche Weise begegnen. Hierbei sind v.a. Strategien zum Umgang mit Gefühlen von Relevanz, denn die Möglichkeiten ihre soziale Situation im Asylheim aktiv zu verändern sind eingeschränkt.

Das Thema Zukunft erhält bei allen drei eine zentrale Bedeutung, da sie mit Hoffnungen und Wünschen verknüpft ist und somit wird deren gedankliche Ausgestaltung und Prüfung als eine wesentliche Aktivität zur Bewältigung der aktuellen Ohnmacht erlebt. Gleichzeitig werden realistische Einschätzungen der unsicheren Aufenthaltssituation in Deutschland zur Quelle von Ängsten und Sorgen. Die Hoffnung auf eine Zukunft in Deutschland als anerkanntes Mitglied der Gesellschaft verleiht dem Umgang mit der Migrationssituation im Aufnahmeland höchste Bedeutung und löst verschiedene strategische Umgangsweisen aus.

Grafe stellt fest, dass ungelöste Konflikte aus der Herkunftssituation mit der Flucht und Migration nicht aufgehoben sind, dass aber das Leben in Deutschland eine völlig neue Situation darstellt, die mit Chancen, Herausforderungen aber auch Enttäuschungen verbunden wird. Besonders brisant zeigt sie das am Beispiel eines Gesprächspartners, der mit einer konstruierten Biografie (Legendenbildung) operiert und bei der Wahl dieser Bewältigungsform in enorme Stresssituationen gerät.

Grafe plädiert für vertiefte wissenschaftliche Forschungen im Bereich
der unbegleiteten minderjährigen Flüchtlinge, die vermehrt bezüglich
ihrer Überlebenskompetenz und ihrer persönlichen, sozialen und politischen Ressourcen erforscht werden sollten. Die politische Unterscheidung zwischen Wirtschaftsflüchtlingen und Flüchtlingen aus Not
kritisiert sie als diskriminierend.

Die Arbeit bringt interessante Resultate. An der Schnittstelle zwischen
Psychologie und Kulturwissenschaft verhilft die Untersuchung zu
einem tieferen Verständnis der Wahrnehmungs- und Handlungsmuster
unbegleiteter minderjähriger Flüchtlinge in Deutschland. Gleichzeitig
wird auch die Bedeutung gesellschaftspolitischer Strukturen deutlich.
Die so gewonnenen Erkenntnisse sind daher sowohl gesellschaftlich,
sozialpolitisch, als auch für psychologische Begleitung und Therapie
von Relevanz.

Bremen, im Januar 2013

Maya Nadig

Einleitung

Bei dem Phänomen der Zu- und Einwanderung handelt es sich um ein Thema, das derzeit im politischen Feld sowie in der öffentlichen Diskussion kontrovers diskutiert wird. Dabei geht es um die Frage, wie Deutschland seinen Status als Einwanderungsland gestalten und regeln will bzw. *wer* Zielgruppe dieser Einwanderung darstellen soll. In diesem Zusammenhang kann meines Erachtens eine Unterteilung der Einwanderer anhand ihres Nutzens für das Aufnahmeland festgestellt werden.

Infolge der Konzentration auf den erwähnten Nutzen, wurde eine politisch und militärisch gewährleistete Grenzsicherung konzipiert, die unentwegt verschärft wird[1] und die Möglichkeit einer selektiven Öffnung zur Anwerbung von beispielsweise Spezialisten mit Expertenwissen bietet (vgl. Nuscheler, 2004, S. 71). Entwicklungsminister Niebel (FDP) betont in diesem Zusammenhang: „Zuwanderung war noch nie etwas Altruistisches" (dpa, 2010). Nuscheler (2004) fasst die Situation folgendermaßen zusammen: „Zu uns darf kommen, wen wir brauchen, aber nicht, wer uns braucht" (ebd., S. 71).

---

[1] Nuscheler (2004) verwendet hierfür den Begriff: „Festung Europa" (ebd., S. 71).

Anhand der Wortwahl der aufgeführten Zitate, wird die Selektion zwischen *nützlichem* und *überflüssigem Humankapital* deutlich.

Eine Kategorie innerhalb der Zuwanderungsgruppe stellt das Konstrukt des Flüchtlings dar. Auch hier erfolgt, im Rahmen der Asylpolitik, eine Unterteilung in den *echten Flüchtling*[2] im Sinne der Genfer Flüchtlingskonvention von 1951 und dem so genannten *Wirtschaftsflüchtling*[3]. Dabei wird von einem Bild ausgegangen, nach dem ausschließlich dem *echten Flüchtling* das Recht auf Schutz und Hilfe zuzusprechen ist, während dem *Wirtschaftsflüchtling*, als dessen konstruiertes Gegenbild, implizit unterstellt wird, dieses Recht aufgrund von ökonomischen Gründen zu missbrauchen. Diese Unterteilung wird in dem folgenden Zitat des deutschen Innenministers Friedrich (CSU) anlässlich des Weltflüchtlingstages 2011 deutlich. Er „plädierte für einen ‚Schutz ohne Wenn und Aber' für verfolgte Flüchtlinge[4]. Er

---

[2] Ein Flüchtling (Flüchtling im Sinne von Art. 1A Abs. 2 GFK) hat zunächst, um im Sinne der Genfer Flüchtlingskonvention (GFK) von 1951 Anerkennung zu erlangen, den Beweis zu erbringen, in seinem Herkunftsland „aus Gründen der Rasse, Religion, Nationalität, Zugehörigkeit zu einer bestimmten sozialen Gruppe oder der politischen Gesinnung" unter Verfolgung zu leiden oder zumindest „begründete Furcht" vor einer solchen zu haben (UNHCR, n. d.). Durch die Eingrenzung auf oben genannte Zwangslagen wird ersichtlich, dass keineswegs alle in Not Geratenen ein Anrecht auf diesen Status erhalten werden. Nach Nuscheler (2004) handelt es sich bei der Definition um einen „Idealtypus des Flüchtlings mit ganz besonderen Eigenschaften" (ebd., S. 107), die auf den Flüchtling vor der Nazi-Diktatur bzw. vor dem stalinistischen Regime abgestimmt sind (ebd.).

[3] Asylsuchende Menschen, die diese Kriterien nicht erfüllen, sondern aus sozialer und ökonomischer Not ihre Herkunftsländer verlassen, werden als sogenannte Wirtschaftsflüchtlinge bezeichnet (vgl. Nuscheler, 1988, S. 20 ff).

[4] Durch die Einnahme der Rolle des Aufnahmestaates als schützende Macht, kann meines Erachtens der Unrechtscharakter eines ausländischen Regimes nachdrücklich konstatiert und zugleich der eigene Status eines demokratischen Rechtssystems gesi-

sei jedoch ‚gegen jede Großzügigkeit' bei ‚Migranten, die nicht Schutz, sondern lediglich ein besseres Leben suchen'" (epd, 2011).

Die beschriebene dichotome Konstruktion, die aus dem oben genannten Zitat hervorgeht, legt die Folgerung nahe, dass die derzeit geführte Diskussion meines Erachtens auf einem „unangemessenen niedrigen" Differenzierungsgrad erfolgt und folglich auf verzerrten Bildern gründet: Der Wunsch nach besseren Lebensbedingungen, die über das Überleben hinaus gehen, wird als anmaßend betrachtet. Die Anerkennung von Wünschen und Bedürfnissen, die den Einwohnern der Aufnahmestaaten gleichen, wird abgelehnt.

Eine besondere Brisanz besitzt die soeben erläuterte Betrachtungsweise im Hinblick auf die Gruppe der minderjährigen Flüchtlinge, da diese häufig die asylpolitischen Kriterien dem Referenten des Bundesfachverbandes Unbegleitete Minderjährige Flüchtlinge e.V. (B-UMF) N. Espenhorst (2010) zufolge nicht erfüllen können. Jedoch sind gerade Kinder und Jugendliche, besonders ohne den Schutz ihrer Angehörigen, oft die wehrlosesten Opfer von Gewalt, Krieg und Armut. Die oftmals traumatischen Erlebnisse in ihren Herkunftsländern und auf der Flucht, der Verlust ihrer Heimat, die Anforderungen des Migrationsprozesses, die unklare Aufenthaltssituation sowie zahlreiche rechtliche Einschränkungen erschweren den Integrationsprozess im Exil und führen folglich zu einer erheblichen Gefährdung der psychischen und physischen Gesundheit.

Ziel der vorliegenden Forschungsarbeit ist, einen Beitrag zur Differenzierung der gegenwärtigen Diskussion zu leisten. Dieser soll in Form einer Reihe von subjektorientierten Einzelfalldarstellungen dargeboten werden, um so einen Einblick in die (Er-)Lebenswelt der Menschen zu erhalten, die Gegenstand der erwähnten Diskussion sind. Zudem zeigt sie die Auswirkungen der genannten Diskussion und die

---

chert. Daraus kann ein außen- sowie innenpolitischer Nutzen durch die Gewährung von Asyl abgeleitet werden.

damit verbundene Selektion auf das Leben der jugendlichen Flüchtlinge und deren Umgang damit.

Da im Mai 2010 von der Bundesregierung die ausländerrechtlichen
Vorbehalte gegen die UN-Kinderrechtskonvention, 18 Jahre nach ihrer Ratifizierung, zurückgezogen worden sind, besitzen nun auch minderjährige Flüchtlinge in Deutschland das uneingeschränkte Recht auf
Überleben, Entwicklung, Schutz und Beteiligung (B-UMF e.V.,
2010). Für dessen Umsetzung ist eine nähere Betrachtung der Bedarfe
minderjähriger Flüchtlinge nötig, die sich aus deren Erlebensperspek-
tive, Belastungen sowie Ressourcen und Formen der Bewältigung
ergeben.

Die vorliegende Arbeit nimmt diese Forderung auf und fokussiert das
angekündigte Forschungsvorhaben auf die Gruppe der sogenannten
unbegleiteten minderjährigen Flüchtlinge (UMF). Im Rahmen der
Untersuchung soll dabei folgenden Fragen nachgegangen werden:

- *Wie erleben jugendliche Flüchtlinge ihre Lebenssituation in
  Deutschland?*

- *Welche Schwierigkeiten und Belastungen ergeben sich daraus?*

- *Welche Ressourcen und Strategien stehen ihnen zur Bewältigung ihrer Erlebnisse und ihrer derzeitigen Situation zur Verfügung und werden als hilfreich erlebt?*

- *Welche Ziele und Wünsche haben sie?*

Für die Beantwortung dieser Fragen ist es mir wichtig, die Perspektive
dieser Jugendlichen in den Vordergrund zu stellen. Durch die Darstellung exemplarischer Fallgeschichten ist es möglich, die individuellen
Wahrnehmungs- und Handlungsmuster in ihrem Kontext nachzuvoll-
ziehen und einen Einblick in die jeweiligen Lebenssituationen zu erhalten.

Die Arbeit ist folgendermaßen aufgebaut:

Im Anschluss an die *Einleitung* der Thematik, Fragestellung und Gliederung erfolgt eine umfassende Darstellung der relevanten *theoretischen Themengebiete*. Da es sich bei der vorliegenden Arbeit um ein sehr komplexes Feld handelt, erwies es sich meines Erachtens als notwendig, eine Reihe unterschiedlicher Themengebiete theoretisch zu betrachten, um so ein ganzheitliches Verständnis der Thematik zu ermöglichen. So werden die Bereiche: *Flucht*, deren Ursachen und Auswirkungen sowie die rechtlichen und psychosozialen Kontextbedingungen von unbegleiteten minderjährige Flüchtlingen dargestellt, wesentliche Aspekte zu *Traumatisierungen* und *Migration* erläutert sowie wichtige psychologische Modelle und Forschungsergebnisse zum Thema *Bewältigung* vorgestellt.

Im folgenden Abschnitt folgt die Darstellung meiner *eigenen empirischen Forschungsarbeit*. Aufgrund eines erhöhten Anonymisierungsgrades, der mir für die Darstellung meiner Forschungsergebnisse wichtig erscheint, werde ich auf eine nähere Beschreibung des Forschungsraumes verzichten. Die Forschung fand in zwei verschiedenen Städten in Norddeutschland statt. Eine nähere Eingrenzung ist aus Respekt und zum Schutz der Gesprächspartner nicht möglich.

Anschließend werde ich den von mir gewählten *methodischen Zugang* erläutern. Die im Rahmen der Untersuchung geführten Gespräche wurden mithilfe der qualitativen Inhaltsanalyse ausgewertet. Der gesamte Forschungsprozess wurde in Anlehnung der Ethnopsychoanalyse analysiert und reflektiert.

Nachdem ich über meinen Zugang zum Forschungsfeld berichtet habe, erfolgt die *Präsentation meiner Ergebnisse*. Die Gesprächsinhalte werden anhand der Themen, die sich aus der Auswertung der Inhaltsanalyse ergeben haben, beschrieben und anhand ausführlicher Zitate belegt, um den Gesprächspartner möglichst viel Raum zur eigenen Darstellung zu geben. Ergänzt werden diese Ergebnisse jeweils mit einer Personenbeschreibung sowie der ausführlichen Darstellung und Reflexion des Forschungsprozesses, der vor den Gesprächsinhalten dargelegt wird. Diese Kombination der Datenpräsentation ermöglicht es, einen umfassenden Einblick sowohl in deren Entstehung und Kontextbedingungen zu erhalten, als auch ein tieferes Verständnis in die Perspektiven und (Er-)Lebenssituation der Gesprächspartner zu gewinnen.

In der sich anschließenden *zusammenfassenden Schlussbetrachtung* werden die wesentlichen Aspekte der Einzelfalldarstellungen zusammengefasst und in Bezug zu den theoretischen Grundlagen sowie deren gesellschaftlicher und sozialpolitischer Bedeutung diskutiert. Dabei wird das Phänomen der Legendenbildung, welches sich in der vorliegenden Forschungsarbeit als zentraler Aspekt herausgestellt hat, in Bezug auf Ursache, Auswirkung und Verständnis eine besondere Bedeutung innerhalb der Diskussion und Interpretation der Ergebnisse zukommen.

Theoretische Grundlagen

Der Abschnitt Theoretischer Bezugsrahmen gliedert sich in folgende Unterpunkte:

Zu Beginn soll ein kurzer Überblick über das Phänomen *Flucht*, Ursachen und Auswirkungen sowie die rechtlichen und psychosozialen Kontextbedingungen unbegleiteter minderjähriger Flüchtlinge in Deutschland gegeben werden. Darauf folgt eine Einführung in das Thema *Trauma*. Nach erfolgter Begriffsdefinition und einer kurzen Erläuterung der Diagnosekategorie Posttraumatische Belastungsstörung (PTBS), werde ich mich kritisch mit dem Konzept der PTBS und dessen gesellschaftspolitischer Bedeutung im Flüchtlingsbereich auseinandersetzen. Anschließend werde ich die Theorie der sequentiellen Traumatisierung von Hans Keilson (1979/2005) vorstellen und deren Bedeutung für die vorliegende Thematik beschreiben. Ein wesentlicher Aspekt seiner Theorie ist das Verständnis von Trauma als Prozess und die Bedeutung der Zeit/Phase nach Beendigung der traumatischen Situation. Aus diesem Grund werde ich im Anschluss wesentliche (psychologische) Aspekte des *Migrationsprozesses* und deren mögliche Belastungsfaktoren darstellen sowie auf spezifische Aspekte des Jugendalters eingehen. Abschließend erfolgt eine Darstellung verschiedener psychologischer Modelle zum Thema *Bewältigung* sowie ein kurzer Überblick zu Ergebnissen aus der Flüchtlingsforschung.

2.1 Flucht

„Die Historiker berichten über eine Universalgeschichte von Kriegen, Eroberungen, Vertreibungen und Völkerwanderungen, die bis in die wenig erschlossene Frühgeschichte zurückreicht … Flucht und Vertreibung gibt es in der Menschheitsgeschichte, seit sich Menschen in Gesellschaften organisierten, Herrschaftssysteme begründeten und zerstörten, Machtkämpfe austrugen, Kriege miteinander führten, fremde Territorien eroberten, um Jagd- und Weidegründe und später um Kolonialgebiete konkurrierten." (Nuscheler, 2004, S. 29)

Im folgenden Abschnitt soll zuerst ein kurzer Überblick über die weltweiten Fluchtbewegungen und mögliche Ursachen von Flucht gegeben werden. Darauf folgt eine Betrachtung dieser Angaben bezüglich der Gruppe der *unbegleiteten minderjährigen Flüchtlinge*, die Zielgruppe meines Forschungsfokus sind. Im letzten Abschnitt wird die Reaktion der Aufnahmegesellschaft auf die Ankunft der zur Flucht getriebenen Menschen und die sich daraus ergebenden Folgen thematisiert.

2.1.1 Theoretische Grundlagen von Flucht

2.1.1.1 Verbreitung von Flucht

Nach Angaben des Hohen Flüchtlingskommissars der Vereinten Nationen (UNCHR) befanden sich Ende 2010 weltweit 43,7 Millionen Menschen auf der Flucht. Davon sind 27,5 Millionen sogenannte Binnenvertriebene, d.h. Flüchtlinge im eigenen Land. Dies ist der höchste Stand seit 15 Jahren. Zudem sank die Zahl derer, die in ihre Heimatorte zurückkehren konnten mit 197.600 auf den tiefsten Stand seit 20 Jahren (UNHCR, 2011, S. 5). Die meisten Flüchtlinge suchen demnach Schutz und Zuflucht in benachbarten Regionen. Im Jahr 2010 wurden ca. 75% der weltweiten Flüchtlinge von den jeweiligen Nachbarstaaten aufgenommen (ebd., S. 11). Der oft benannte „Sturm auf Europa" findet den Angaben zufolge allenfalls in kleinen Mengen statt (ebd.), die wenigsten Flüchtlinge können Mittel für die weite Reise und die teuren Schlepperdienste aufbringen. Zudem sind dem Migrationsforscher F. Nuscheler (2004) viele Migrationspfade nach Europa versperrt und beinhalten lebensbedrohliche Gefahren (ebd. S. 71).

Dem UNHCR-Bericht (2011) zufolge nehmen die ärmsten Länder dieser Welt die meisten Flüchtlinge auf. Die größten Flüchtlingsbevölkerungen lebten im letzten Jahr in Pakistan (1,9 Mio.), Iran (1,1 Mio.) und Syrien (1 Mio.). Deutschland meldete knapp 600.000 Flüchtlinge (UNHCR, 2011, S. 14). Besonders deutlich wird der UNHCR zufolge diese Ungleichverteilung in der Betrachtung der Relation der Flüchtlingszahlen zu der Wirtschaftskraft des jeweiligen Aufnahmelandes. In Pakistan kommen auf jeden US-Dollar des Pro-Kopf-Bruttoinlandproduktes 710 Flüchtlinge, in Deutschland sind es dagegen nur 17 Flüchtlinge (ebd., S. 12). Im Zeitraum Januar bis Mai 2011 wurden laut dem Bundesamt für Migration und Flüchtlinge (BAMF) insgesamt 17.369 Erstanträge auf Asyl gestellt. Hauptherkunftsländer waren: Afghanistan (18,2%), Irak (14,1%), Serbien (9,1%), Iran (6,6%), Syrien (5,1%) und die Türkei (3,9%) (Bundesamt für Migration und Flüchtlinge, 2011, S. 6).

2.1.1.2 Ursachen von Flucht

Migrationstheorien unterscheiden bei der Untersuchung von Fluchtursachen zwischen „Schub"- und „Sogfaktoren" (push- und pull-Faktoren). Dieses Modell wird Nuscheler (2004) zufolge seit einiger Zeit aufgrund seiner starken Vereinfachung der Komplexität des Migrationsgeschehens kritisiert. Dem Autor gemäß bietet es aber dennoch ein „erklärungsfähiges Grundmuster" und soll daher kurz vorgestellt werden.

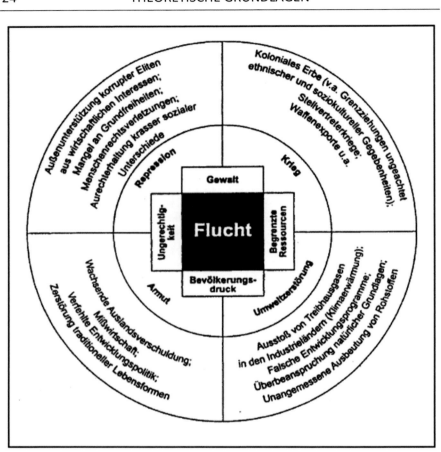

Abbildung 1: Zusammenfassung der Fluchtursachen (Misereor, Werkheft 1994 zit. nach Nuscheler, 2004, S. 109).

Mit Schubfaktoren sind dem Autor nach all jene Umstände gemeint, die Menschen dazu bewegen bzw. zwingen ihre Heimat zu verlassen. Hierunter zählen u.a.: Naturkatastrophen, Armut, soziale Diskriminierung, Kriege, politische Verfolgung sowie strukturelle Gewalt. Sogfaktoren, dem Autor gemäß, beschreiben die mit den Zielländern verbundenen Hoffnungen auf Existenzsicherung, Sicherheit, Leben und Freiheit (ebd., S. 102). MigrationstheoretikerInnen gehen Nuscheler zufolge davon aus, dass Flucht vorwiegend von Schubfaktoren ausgelöst wird. Die Sogfaktoren spielen bei der geplanten Flucht, aber vor allem bei der Entscheidung zur längerfristigen Migration eine Rolle (ebd., S. 107 f). In der Realität gibt es jedoch selten einen einzelnen Fluchtgrund. Die Flucht ist vielmehr durch eine Mischung vieler verschiedener Gründe motiviert, in denen Elemente der beiden beschriebenen Kategorien ineinander verschmelzen.

Abbildung 1 fasst die Komplexität der sich gegenseitig verstärkenden Fluchtursachen zusammen. Es wird erkennbar, dass die aufgeführten Faktoren von Flucht eine enge ursächliche Verbindung zu historischen sowie aktuellen Einflüssen der sogenannten westlichen Welt aufweisen und verdeutlicht somit dessen globale Verantwortung bei der Auseinandersetzung mit der vorliegenden Thematik. Die beschriebenen Sogfaktoren sowie die große Gruppe frauenspezifischer Fluchtgründe sind jedoch nicht aufgeführt.

2.1.1.3 Fluchtbewegung der UMF

Die vorliegende Arbeit legt ihren Schwerpunkt auf die *unbegleiteten minderjährigen Flüchtlinge*, kurz UMF gesprochen. Dieser Fachbegriff wird nach Riedelsheimer und Wiesinger (2004) durch folgende drei Aspekte definiert:

1. *Unbegleitet*: Als unbegleitet gelten Minderjährige, die entweder ohne Eltern oder für sie verantwortliche Erwachsene nach Deutschland einreisen oder nach der Einreise von ihnen für einen längerfristigen Zeitraum getrennt werden (ebd., S. 13).

2. *Minderjährig*: Nach dem Bürgerlichen Gesetzbuch (BGB) werden Personen unter 18 Jahren als minderjährig definiert, auch wenn die Volljährigkeit in einigen Herkunftsländern zu einem späteren Zeitpunkt eintritt (ebd., S. 13).

3. *Flüchtling:* Diese Bezeichnung gilt, im Gegensatz zur rechtlichen Definition, für jede Person, die den Flüchtlingsstatus anstrebt und nicht aus einem EU-Staat oder einem anderen westlichen Industriestaat stammt. Im rechtlichen Sinne erhalten nur die Personen den Status „Flüchtling", die innerhalb des Asylverfahrens nach der Genfer Konvention anerkannt wurden (ebd., S. 13). Zur rechtlichen Situation unbegleiteter minderjähriger Flüchtlinge siehe Abschnitt 2.1.2.

Der UNHCR (2011) zufolge wurden im Jahr 2010 in weltweit 69 Staaten insgesamt 15.500 Asylanträge von unbegleiteten bzw. von ihren Familien getrennten Minderjährigen gestellt, 11.500 bzw. 74% davon in Europa. Hauptherkunftsländer waren v.a. Afghanistan und Somalia (ebd., S. 27). Nach Angaben des Bundesfachverbandes Unbegleitete Minderjährige Flüchtlinge (B-UMF) e.V. erreichten im Jahr 2010 über 4.200 UMF[5] das Bundesgebiet, was einen Anstieg zu den 3.015 neueingereisten UMF aus dem Vorjahr darstellt (ebd., 2011).

Dem Politologen B. Parusel (2009) zufolge werden in Asylanhörungen beim Bundesamt für Migration und Flüchtlinge (BAMF) von Minderjährigen v.a. der Verlust von Eltern und Angehörigen durch Kriegshandlungen oder Krankheiten sowie fehlende Zukunftsperspektiven als Fluchtursachen angegeben. Mädchen berichten zudem häufig von (drohenden) Genitalverstümmelungen, sexuellem Missbrauch sowie Zwangsheirat und -prostitution. Auch Sklaverei, Kinderarbeit, Sippenhaft oder Zwangsrekrutierung als Kindersoldaten werden gelegentlich als Fluchtgründe genannt (ebd., S. 19 f). Nach Schätzungen der Landesregierung Berlin kommen „75 Prozent aller UMF in der Hoffnung auf ein besseres Leben und größere Zukunftschancen nach

---

[5] Die tatsächliche Zahl liegt aufgrund ungenauer Erfassungen wahrscheinlich deutlich höher, da gescheiterte Einreiseversuche und Jugendliche, die aufgrund einer Altersfestsetzung als volljährig eingeschätzt wurden, nicht in die Statistik mit eingehen (B-UMF e.V., 2011).

Deutschland, und nur 25 Prozent aufgrund von Krieg oder politischer Verfolgung im Herkunftsland" (Abgeordnetenhaus Berlin, 2007, zit. nach Parusel, 2009, S. 20). Parusel betont jedoch, dass diese Angaben wissenschaftlich nicht überprüfbar seien, da es Minderjährigen oft schwer falle ihre Fluchtmotive in den Anhörungen schlüssig darzulegen (ebd., 2009, S. 20). Es kann zwar angenommen werden, dass den sogenannten Sogfaktoren bei Jugendlichen eine stärkere Bedeutung zukommt, eine Reduzierung darauf ist jedoch problematisch. Häufig versuchen Familien wenigstens einem (in der Regel männlichen) Jugendlichen die Flucht nach Europa zu ermöglichen, um ihm/ihr die Chance auf ein Leben in Sicherheit und eine bessere Zukunft zu geben. Dies ist meist mit einer enormen finanziellen Last und hohen Erwartungen verbunden (vgl. Adam, 1999). So kann nach Nuscheler (2004) der Jugendliche für die zurückgebliebenen Angehörigen zum einen die Funktion eines sogenannten „Brückenkopfs" darstellen um folgende Migrationen zu erleichtern (ebd., S. 106), zum anderen kann er die Familie vom Exil aus finanziell unterstützen. In Westafrika tragen diese Überweisungen (remittance) zu 30 bis 80% zum Haushaltseinkommen bei (ebd., S. 70).

2.1.1.4 Umgang mit Flucht in den Aufnahmegesellschaften

Zur Thematik *Flucht* gehört neben den Fluchtursachen und -motiven sowie den Flüchtlingen selbst, ebenso das Exil bzw. die Aufnahmegesellschaft. Die Reaktion der Aufnehmenden entscheidet in hohem Maß über das Schicksal der Flüchtlinge. Nach den PsychoanalytikerInnen R. Grinberg und L. Grinberg (1984/1990) muss beachtet werden, dass auch die aufnehmende Gemeinschaft durch die Ankunft der ImmigrantenInnen einen Schock erleidet. Die bestehende Struktur und Organisation wird durch etwas Neues und Fremdes verändert und könnte destabilisiert werden. Ihr bisheriges Denken und Handeln wird in Frage gestellt und führt zu einem Gefühl der Bedrohung ihrer kulturellen Identität (ebd., S.91). Die PsychoanalytikerInnen weisen darauf hin, dass die Reaktion der Gesellschaft von der Art der Ankunft der ImmigrantenInnen beeinflusst wird, d.h. ob es bspw. eine vorausge-gangene aktive Einladung gegeben hat oder ob die Ankunft überra-schend, evtl. sogar unerwünscht war. Letzteres kann zu einer (anfäng-lichen) „Hab-Acht-Reaktion" oder im Extremfall sogar zu fremden-feindlichen Reaktionen führen (ebd., S. 93f). Die Ankunft von Flücht-lingen ist in der Regel überraschend und soll durch strenge Maßnah-men der Grenzschutzsicherung kontrolliert oder sogar verhindert wer-den. Oft gehörte Aussagen seitens der aufnehmenden Industriestaaten, wie „*Das Boot ist voll!"* sind meines Erachtens Ausdruck der eben genannten Abwehrreaktion und des Bedrohungsgefühls.

Die Menschen, die sich aufgrund von existenzgefährdenden Erlebnis-sen wie Krieg, Gewalt, Unsicherheit und Not zur Flucht entschieden haben, konfrontieren der Psychiaterin J. L. Herman (1992/1994) die Aufnahmegesellschaft mit eben diesen Erfahrungen. Sie drängen ih-nen sozusagen die Existenz des Leids und der Missstände dieser Welt ins Bewusstsein. Dieser Prozess kann zu Ängsten und Schuldgefühlen führen (vgl. Abschnitt 2.2.3). Dies trifft der Autorin zufolge besonders auf Notsituationen zu, die Ergebnis menschlichen Handelns sind (ebd., S.18). Der Psychiater Leo Eitinger (1980) beschreibt anhand seiner Erfahrungen in der Arbeit mit Überlebenden des Holocaust diesen Interessenkonflikt zwischen Opfer und Zuschauer:

> Die Gesellschaft will Krieg und Kriegsopfer vergessen; alles Schmerzhafte und Unangenehme wird unter dem Schleier des Vergessens begraben. Die beiden Gruppen stehen sich von Angesicht zu Angesicht gegenüber; auf der einen Seite die Op-fer, die vielleicht vergessen wollen, aber nicht vergessen kön-nen, und auf der anderen Seite all jene, die aufgrund starker unbewusster Motive unbedingt vergessen wollen und auch vergessen können. Der Kontrast … ist oft für beide Seiten sehr schmerzvoll. In diesem stummen und ungleichen Dialog ver-liert immer der Schwächere. (ebd.; zit. nach Herman, 1992/1994, S. 18).

Diese Prozesse prägen die soziale Konstruktion des Begriffes *Flücht-ling* und bestimmen den Umgang mit ihnen auf gesellschaftlicher, juristischer und politischer Ebene. Die deutsche Asylpolitik ist meines Erachtens ein Versuch diesen Konflikt zu lösen. Sie versucht den „wahren" Flüchtling von den sogenannten „Wirtschaftsflüchtlingen" zu unterscheiden. Menschliche Nöte werden anhand von Fluchtmoti-ven in Kategorien unterteilt und bewertet, um über Hilfe- und Schutz-bedürftigkeit zu entscheiden. Nach Nuscheler (2004) handelt es sich bei dem asylrechtlichen Flüchtlingsbegriff um einen Idealtypus des Flüchtlings mit ganz besonderen Eigenschaften, nicht um den Realty-pus heutiger Massenfluchtbewegungen (ebd., S. 107). Hauptursache von Fluchtbewegungen heutzutage sind Bürgerkriege, hinter denen in der Regel Macht- und Verteilungskonflikte um knappe Ressourcen zu erkennen sind (ebd., S. 105). In vielen Regionen dieser Welt bedeutet Armut zudem die Gefährdung des grundlegendsten Menschenrechts, des Rechts auf Leben, was nach Nuscheler (1988) ebenso eine Art von Verfolgung darstellt (ebd., S. 20). Der Versuch der beschriebenen Kategorisierung ist demnach problematisch und nicht sinnvoll, stellt aber die wichtigste Grundlage der deutschen Asylpolitik dar.

2.1.2. Rechtliche und psychosoziale Kontextbedingungen von Flucht

Die rechtlichen Grundlagen zum Umgang mit unbegleiteten minder-jährigen Flüchtlingen sind sehr komplex und betreffen Gesetze, Ab-kommen und Richtlinien auf internationaler, europäischer und natio-naler Ebene. Eine genaue Darstellung würde den Rahmen dieser Ar-beit weit übersteigen. Ein Verständnis der Lebensbedingungen der Jugendlichen ist jedoch ohne eine Betrachtung des rechtlichen Kon-textes nicht möglich. Daher soll im Folgenden ein kurzer Überblick über die rechtlichen und psychosozialen Rahmenbedingungen von UMF gegeben werden, wobei kein Anspruch auf Vollständigkeit erhoben werden kann. Es soll vielmehr exemplarisch dargestellt werden, welche Auswirkungen die zahlreichen komplizierten Regelungen auf das Leben dieser jungen Menschen haben.

2.1.2.1 Bedeutung internationaler Abkommen für die nationale Flüchtlingspolitik

Die vier internationalen Abkommen, in denen sich die Vertragsstaaten - so auch Deutschland - für den Schutz von minderjährigen Flüchtlingen verpflichten, sind nach Parusel (2009): Die Genfer Flüchtlingskonvention (GFK), das Haager Minderjährigenschutzabkommen (MSA), die UN-Kinderrechtskonvention (KRK) sowie die Entschließung des Rates der Europäischen Union vom 26. Juni 1997 (ebd. S. 14 ff). Besondere Bedeutung kommt hier der KRK zu, in der jedem Kind - so auch Flüchtlingskindern - das Recht auf Überleben, Schutz, Entwicklung und Partizipation zugesprochen wird. Der Politikwissenschaftler K. P. Fritzsche (2010) spricht von einem „internationalen Dokument, das in revolutionärer Weise das Bild vom Kind verändert hat und als wirksames Schutz- und Entwicklungsinstrument für Kinder fungieren kann" (ebd. S. 161). Er betont dabei die veränderte Sichtweise auf das Kind, welches nicht als hilfebedürftiges Objekt, sondern als Individuum mit eigenen Rechten betrachtet wird (ebd. S. 161). Dieses Übereinkommen trat 1992 in Deutschland in Kraft, jedoch unter einer Vorbehaltserklärung, nach der das deutsche Ausländerrecht Vorrang gegenüber der KRK, also dem Kindeswohl von Flüchtlingskindern, hat. Dies führte zu Kritik und öffentlichen Forderungen zur Rücknahme der ausländerrechtlichen Vorbehalte seitens zahlreicher Organisationen, ExpertenInnen und PolitikernInnen (Parusel, 2009, S. 16). 18 Jahre später, im Mai 2010, zog die Bundesregierung ihre Vorbehaltserklärung schließlich zurück. Der Bundesfachverband UMF e.V. sieht darin eine Gelegenheit zur Verbesserung der Lebensbedingungen von jungen Flüchtlingen und fordert Verbesserungen in den Bereichen: Bildung und Inobhutnahme sowie der

Abschaffung des Arbeitsverbots, der Abschiebehaft und der willkürlichen Änderung von Altersangaben (vgl. B-UMF e.V., 2010). Die Umsetzung der nun vollständig anerkannten Kinderrechtskonvention in die Praxis wird sich in Zukunft zeigen.

2.1.2.2 (Rechts-)Wege im Migrationsprozess jugendlicher Flüchtlinge

Ankommen und Aufnahme

Die Routen, auf denen die Jugendlichen nach Deutschland gelangen, sind dem Psychiater H. Adam (1999) zufolge unterschiedlich. Einige kommen als so genannte „blinde Passagiere" auf Schiffen nach Europa oder versuchen über die Staaten des früheren Ostblocks auf dem Landweg die Grenze zu überqueren, wieder andere nutzen die Möglichkeit von Touristenvisa. Häufig wird die Flucht von international tätigen Schlepperorganisationen[6] durchgeführt, wobei mehrere tausend US-Dollar gezahlt werden müssen (ebd., S. 319). Nach Schätzungen belaufen sich die jährlichen Einnahmen aus diesem Menschenhandel auf 7 Mrd. US-Dollar (Nuscheler, 2005, S. 301).

Die Einreise kann nach Parusel (2009) unabhängig vom Alter, direkt an der Grenze verweigert werden, wenn der Jugendliche ohne die erforderlichen Papiere aufgegriffen wird (ebd., S. 23). Der Bundesfachverband UMF e.V. geht davon aus, dass dies täglich passiert (B-UMF, 2011). Jugendliche, denen die Einreise nach Deutschland gelingt,

---

[6] Schätzungen gehen davon aus, dass rund 90 Prozent der UMF mit Hilfe von Schlepperorganisationen reisen, wobei es sich jedoch nicht immer um organisierte und kriminelle Organisationen handeln muss (Duff, 2008 zit. nach Parusel, 2010, S. 23).

müssen nach §42 des Sozialgesetzbuchs VIII (SGB VIII) vom örtlichen Jugendamt „in Obhut" genommen und ein Vormund oder Pfleger bestellt werden[7] (Parusel, 2009, S. 29 f). In der Regel sind dies Amtsvormundschaften, also Angestellte des Jugendamtes, die oft für bis zu zweihundert Mündel zuständig sind (Noske, 2010, S. 20). Angesichts dieser hohen Fallzahlen erscheint die Aufgabe der Vertretung sowie der Personensorge kaum bewältigbar. In einer Studie vom Bundesfachverband UMF e.V. wird die Situation zu Vormundschaften für UMF in Deutschland ausführlich analysiert und bewertet (vgl. Noske, 2010).

Im Rahmen des anschließenden Clearingverfahrens sollen Situation, Perspektive und Hilfebedarf unter Berücksichtigung des Kindeswohls geklärt werden. Dies sollte dem Bundesfachverband UMF (2009) zufolge die Ermittlung von Identität, Alter, Familie, Gesundheit, Fluchtgeschichte, Erziehungsbedarf sowie individuellen Wünschen und Bedürfnissen beinhalten (ebd., S. 17 ff). Die Feststellung des genauen Alters stellt oftmals ein Problem dar, da die meisten UMF ohne Ausweisdokumente Deutschland erreichen. Bestehen Zweifel an der Altersangabe der Jugendlichen kann durch Inaugenscheinnahme oder medizinische Untersuchungen, wie Röntgenaufnahmen des Handwurzelknochens, eine Alterseinschätzung vorgenommen werden (Parusel, 2009, S. 31). Der Bundesfachverband UMF e.V. kritisiert dabei, dass es bislang keine wissenschaftlichen Methoden gibt, die das aktuelle Lebensalter, insbesondere während der Pubertät, verlässlich feststellen können (B-UMF e.V., n. d. a). Die Bestimmung bzw. Festsetzung des Alters hat jedoch weitreichende Konsequenzen für die Perspektiven der jungen Flüchtlinge. Der Zugang zur Jugendhilfe oder Bildung ist für sie in Deutschland an die Minderjährigkeit gebunden. Im Ausländerrecht (§12 Asylverfahrensgesetz und §80 Aufenthaltsgesetz) gelten

---

[7] Mit Inkrafttreten des Gesetzes zur Weiterentwicklung der Kinder- und Jugendhilfe (KICK) zum 1. Oktober 2005 hat jeder UMF das Recht auf eine Inobhutnahme, ohne vorherige Prüfung einer individuellen Gefährdung des Kindeswohls (Parusel, 2010, S. 30).

UMF schon ab 16 Jahren als handlungsfähig und sind somit für ihr Asylverfahren selbst verantwortlich (Berthold, T. & Espenhorst, N., 2010, S. 46 f).

Nach Beendigung des Clearingverfahrens, das nach Parusel (2009) je nach Bundesland verschieden ausgestaltet ist und unterschiedlich lange dauert (ebd., S. 29), wird der Jugendliche in einer der verschiedenen Wohnformen für UMF untergebracht. Das Spektrum der Unterbringungsmöglichkeiten und des jeweiligen sozialpädagogischen Betreuungsangebots ist dabei groß und reicht von Pflegefamilien über spezielle Kinder- und Jugendhilfeeinrichtungen bis hin zu Nebengebäuden von Asylwohnheimen für Erwachsene (ebd., S. 31 f). Die bundesweite Verteilung von Asylsuchenden mithilfe des „EASY-Verteilungssystems" ist mit Inkrafttreten des Kinder- und Jugendhilfegesetzes nicht mehr vorgesehen, wird jedoch im Bezug auf die 16- und 17-Jährigen unterschiedlich gehandhabt (ebd., S. 34). Espenhorst (2010) weist darauf hin, dass bei einer Verteilung auf ländlichere Gebiete häufig vielfältige Kontaktmöglichkeiten, wie Communities ihrer Herkunftsländer sowie der Zugang zu spezifischen Hilfseinrichtungen und Unterstützungsangeboten nicht mehr wahrnehmbar sind (ebd.).

Klärung der aufenthaltsrechtlichen Situation

Zur Klärung der aufenthaltsrechtlichen Situation der UMF bestehen nach Parusel (2009) zwei Möglichkeiten: Das Asylverfahren oder das aufenthaltsrechtliche Verfahren. Vor einem Asylantrag ist jedoch zunächst im Rahmen des „Dublinverfahrens[8] zu prüfen, ob Deutschland

---

[8] Die Dublin II-Verordnung stellt Kriterien auf, nachdenen ermittelt werden soll, welcher Mitgliedstaat für den jeweiligen Asylantrag zuständig ist. Der Staat, der die Einreise in die EU zu verantworten hat, soll auch für den Asylantrag zuständig sein. Somit ist der Fluchtweg von zentraler Bedeutung (Pelzer, 2008, S. 22).Das Ziel ist klare Zuständigkeiten zu bestimmen und so jedem Flüchtling ein Asylverfahren zu garantieren sowie Weiterwanderungen und Mehrfachanträge in der EU zu vermeiden (Pelzer, 2008, S. 4). Bei unverheirateten UMF gelten jedoch andere Bestimmungen. Hier ist der Staat, in dem sich weitere Angehörige des UMF befinden und eine Über-

für die Bearbeitung des Asylantrags zuständig ist (ebd., S. 39). In diesem Rahmen wird bei allen Jugendlichen über 14 Jahren auch eine erkennungsdienstliche Behandlung (Lichtbild, Fingerabdrücke) und ein Abgleich der Daten mit dem „EURODAC-Register"[9] durchgeführt (ebd., S. 31).

Innerhalb des Asylverfahrens wird überprüft, ob die Kriterien zur Anerkennung *als politischer Flüchtling* (nach Art. 16a Abs.1 GG) oder die Voraussetzungen des *Flüchtlingsschutzes* nach der GFK erfüllt sind. Beiden Schutzgewährungen ist eine politische Verfolgung vorausgesetzt. Der Anwendungsbereich des Flüchtlingsschutzes ist jedoch weiter gefasst und schließt bspw. eine Verfolgung nichtstaatlicher Akteure mit ein (Parusel, 2009, S. 37). Armut, Naturkatastrophen oder Bürgerkriege zählen demnach nicht dazu. Espenhorst (2010) weist darauf hin, dass auch jugendspezifische Fluchtgründe wie Zwangsarbeit, -verheiratung oder -rekrutierung nicht asylrelevant sind (ebd.). Kann der Jugendliche die Erfüllung der Kriterien nicht nachweisen, so besteht nach Parusel (2009) die Möglichkeit eines *Verbots der Abschiebung*, wenn ihm dadurch ein ernsthafter Schaden oder andere schwerwiegende Gründe für die Gefährdung von Freiheit, Leib und Leben drohen. Dieser Schutz wird als subsidiärer Schutz bezeichnet (ebd., S. 39). Hierzu zählt bei Minderjährigen auch das Fehlen von Angehörigen im Heimatland, die sich um sie kümmern können, oder geeigneter Schutzeinrichtungen, wie Waisenhäuser (Parusel, 2009, S. 40 f). UMF, die sich gegen ein Asylverfahren entscheiden, können

---

stellung an diese Person im Interesse des Minderjährigen liegt oder in dem der erste Asylantrag gestellt worden ist, zuständig für das Asylverfahren (Pelzer, 2008, S. 27).

[9] EURODAC ist eine EU-weite Datenbank, in der seit 2003 von allen Asylbewerbern sowie allen Personen, die während eines illegalen Aufenthalts innerhalb der Mitgliedstaaten aufgegriffen wurden und über 14 Jahre alt sind, personenkenntliche Daten gespeichert werden. Ziel ist es, durch den Abgleich von Fingerabdrücken, die Dublin II-Verordnung effizienter durchzusetzen (Pelzer, 2008, S .8).

einen isolierten Antrag auf ein Abschiebeverbot (nach §60 Abs.2 bis 5 oder 7 AufenthG) stellen (Parusel, 2009, S. 49). Beratungsstellen und auch das Bundesamt für Migration und Flüchtlinge (BAMF) raten zunehmend mehr im Sinne des Kindeswohls von einem Asylverfahren ab, um Minderjährigen die Belastungen eines möglicherweise erfolglosen Verfahrens zu ersparen. Espenhorst (2010) argumentiert, dass für viele Jugendliche das Asylverfahren weitgehend intransparent und nicht bedarfsgerecht abgestimmt ist. Die Voraussetzung, glaubwürdige, schlüssig asylrelevante Informationen darzulegen, ihre Fluchtgeschichte zu dokumentieren und ihre Identität zu beweisen, fällt Jugendlichen schwerer als Erwachsenen. Sie besitzen oft ein anderes Zeitbewusstsein, ordnen Ereignisse unterschiedlich ein und sprechen aus Scham, Schüchternheit oder aufgrund psychischer Verletzungen nur zögerlich. Hinzu kommt dem Autor gemäß, dass häufig die Flucht nicht von ihnen selbst, sondern z.B. von Verwandten vorbereitet wurde, die ebenfalls die Entscheidung zur Flucht ohne die Jugendlichen getroffen haben, so dass letztere auch aus diesen Gründen oftmals wenig zu den individuellen Fluchtgründen wissen und berichten können (ebd.).

Formen des Aufenthaltsstatus

Der Aufenthaltsstatus bestimmt die rechtliche Situation und die Möglichkeiten der Lebensgestaltung in Deutschland und ist somit von zentraler Bedeutung.

Eine **Aufenthaltsgestattung** wird nach §55 AsylVfG für die Dauer des Asylantrages ausgestellt. In dieser Zeit ist der Jugendliche zum Aufenthalt in Deutschland berechtigt (Parusel, 2009, S. 50).

Bei einem positiven Entscheid des Asyl- oder aufenthaltrechtlichen Verfahrens wird eine (befristete) **Aufenthaltserlaubnis** (nach §25 Abs.1-3 AufenthG) erteilt (Parusel, 2009, S. 50). Zudem besteht die Möglichkeit aufgrund *dringender humanitärer oder persönlicher Gründe,* wie bspw. der Durchführung einer Operation oder des Abschlusses einer Schul- oder Berufsausbildung, (nach §24 Abs. 4

AufenthG) eine Aufenthaltserlaubnis zu erhalten (Parusel, 2009, S. 52).

Eine **Niederlassungserlaubnis** (u.a. nach §26 Abs. 3 und 4, §35 AufenthG) ermöglicht einen unbefristeten Aufenthalt in Deutschland. Sie kann nach Ablauf unterschiedlicher Fristen im Anschluss an eine Aufenthaltserlaubnis erteilt werden, sofern bestimmte Voraussetzungen erfüllt sind (Parusel, 2009, S. 50 f).

Kann nach erfolgter Prüfung dem Jugendlichen kein Aufenthaltstitel erteilt werden, ist unter bestimmten Voraussetzungen eine vorübergehende *Aussetzung der Abschiebung* durch die Erteilung einer **Duldung** (nach §60 a Abs. 2 AufenthG) möglich (Parusel, 2009, S. 51). *Rechtliche oder tatsächliche Ausreisehindernisse* (nach §25 Abs. 5 AufenthG) sind bspw. schwere Krankheiten, Reiseunfähigkeit oder Passlosigkeit. Dauert die Aussetzung länger als 18 Monate an und liegt kein Verschulden des Jugendlichen an den Ausreisehindernissen vor, soll die Ausländerbehörde (eigentlich) eine Aufenthaltserlaubnis erteilen (Parusel, 2009, S. 52). Die Voraussetzungen dazu sind jedoch sehr hoch und können oftmals nicht erfüllt werden. Das Ergebnis sind sogenannte „Kettenduldungen" (vgl. Deutscher Caritasverband e.V. & Diakonisches Werk der EKD e.V., 2009). Anfang 2009 befanden sich 63.218 Personen in Deutschland, die seit mindestens sechs Jahren im Besitz einer Duldung oder einer Aufenthaltsgestattung waren (ebd., S. 4).

Im Jahr 2008 wurden von insgesamt 268 Asylanträgen drei UMF als Asylberechtigte anerkannt, 104 wurde die Flüchtlingseigenschaft nach der GFK zuerkannt und in neun Fällen wurde subsidiärer Schutz festgestellt. Die Gesamtschutzquote bei UMF lag insgesamt bei 43,3% (Parusel, 2009, S. 20). In vielen Fällen erfolgt nach Parusel (2009) jedoch bei Jugendlichen vor dem 18. Lebensjahr keine aufenthaltsbeendende Maßnahme, sondern die Erteilung einer Duldung, da dem Autor zufolge eine Betreuung im Herkunftsstaat oftmals nicht sichergestellt werden kann (ebd., S. 66).

Auswirkungen des Aufenthaltsstatus auf die psychosoziale Situation

Die Versorgung und die (Rechts-) Ansprüche von UMF ergeben sich u.a. aus ihrem aufenthaltsrechtlichen Status und ihrem Alter. Die genauen Bestimmungen in Bezug auf die Sozialleistungen lassen sich im Sozialgesetzbuch (SGB) bzw. im Asylbewerberleistungsgesetz (AsylblG) finden und können an dieser Stelle nicht näher ausgeführt werden. Jugendliche Asylsuchende im Alter von 16 und 17 Jahren sind nach Parusel (2009) häufig in Gemeinschaftsunterkünften untergebracht, so wie auch die Gesprächspartner der vorliegenden Arbeit. Sie erhalten Leistungen nach dem Asylbewerberleistungsgesetz, d.h. eingeschränkte Leistungen von mindestens 25 Prozent unter den Leistungssätzen für Inländer (ebd., S. 55 f). Espenhorst (2010) kritisiert, dass diese Unterbringungen nur selten ausreichend Schutzraum und Privatsphäre bieten. Parusel (2009) weist darauf hin, dass auch die gesundheitliche Versorgung stark eingeschränkt ist, da sie sich lediglich auf die ärztliche und zahnärztliche Behandlung von akuten Erkrankungen und Schmerzzuständen bezieht (ebd., S. 57). Psychotherapeutische Maßnahmen sind demnach nicht inbegriffen. Eine adäquate Versorgung der besonderen Bedürfnisse der Jugendlichen kann folglich nicht gewährleistet werden. Eine sorgfältige Ermittlung des individuellen Hilfebedarfs, wonach den Jugendlichen prinzipiell das vollständige Leistungsspektrum der Jugendhilfe offen stehen sollte (Parusel, 2009, S. 57), findet meines Erachtens nicht statt. Auch im Bereich der Bildung gibt es Differenzen zwischen der grundsätzlichen Anerkennung des Bedarfs und der jeweiligen Umsetzung. Parusel (2009 beschreibt, dass besonders bei den 16- und 17-Jährigen der Zugang zu Bildungseinrichtungen abhängig von Absprachen zwischen den Jugendhilfeträgern und der öffentlichen Schulverwaltung bzw. der Verfügbarkeit entsprechender Angebote ist. Dasselbe gilt seinen Ausführungen nach für Sprachkurse, die ebenfalls nach Verfügbarkeit auf Antrag genehmigt werden können. Der Zugang zum Arbeitsmarkt und zu Ausbildungsplätzen erscheint dem Autor nach besonders erschwert. Auch beim Vorliegen einer Arbeitserlaubnis haben die Jugendlichen, u.a. aufgrund von schlechteren Schulnoten, häufig schlechtere Chancen im Wettbewerb mit anderen BewerberInnen, besonders wenn ihre Aufenthaltspapiere befristet sind (Parusel, 2009, S. 59).

Zusammenfassend scheinen Jugendliche, die als asylberechtigt oder Flüchtlinge anerkannt und somit im Besitz einer Aufenthaltserlaubnis oder sogar einer Niederlassungserlaubnis sind, in den Bereichen der Sozialleistungen, des Bildungswesens und Arbeitsmarkts deutlich besser gestellt zu sein als Jugendliche mit einer Aufenthaltsgestattung oder Duldung. Hinzu kommen hier noch verschiedene Restriktionen, wie die Wohnsitzauflage oder die Residenzpflicht, d.h. das Verbot sich ohne vorherige Genehmigung außerhalb des begrenzten Bezirks der Ausländerbehörde aufzuhalten (vgl. Weiser, 2010, S.21 ff). Der unsichere Aufenthaltsstatus, der meist auf nur wenige Monate befristet ist, stellt meines Erachtens einen weiteren Belastungsfaktor dar.

2.1.3 Zusammenfassende Bewertung

Zahlreiche Gesetze, Richtlinien und Abkommen regeln den Umgang mit den Menschen, denen die Flucht nach Europa bzw. Deutschland gelungen ist. Die deutsche Asylgesetzgebung ist jedoch nach Fritzsche (2010) „so schwierig und komplex, dass sich kaum jemand ohne orientierenden Leitfaden (z.B. von Flüchtlingsräten) oder ohne juristischen Beistand zu Recht (seinem Recht) finden kann" (ebd., S. 160). Der Verlauf des Asylverfahrens und dessen Ausgang entscheiden in hohem Maß über die Zukunft der jungen Menschen. Beachtet man die besondere Situation der jungen Flüchtlinge, die sich in einer für sie neuen und fremden Umgebung befinden, in der sie nicht einmal die Sprache beherrschen, wird meiner Ansicht nach der hohe Bedarf an Beratung und Begleitung deutlich. Diesem wird jedoch häufig, besonders im Fall der 16- und 17-Jährigen, nicht entsprochen. Die Einreise nach Deutschland ohne die erforderlichen Papiere ist ein illegaler Vorgang und als solcher wird er (werden sie) auch behandelt. Die Jugendlichen müssen ihre Fluchtgründe schlüssig darlegen können

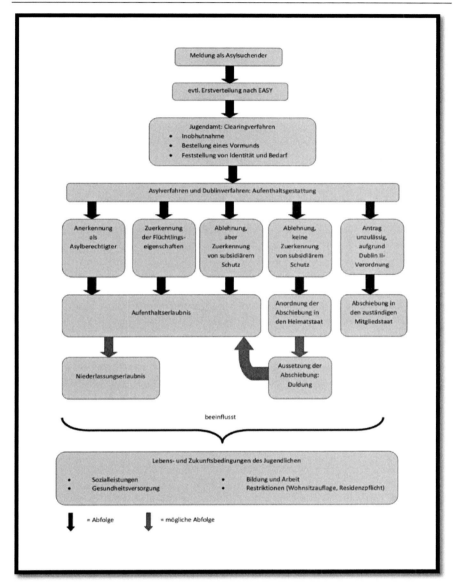

Abbildung 2: Rechtliche und psychosoziale Kontextbedingungen von UMF in Deutschland (eigene vereinfachte grafische Darstellung).

und so beweisen, dass sie zu einem Aufenthalt in Deutschland berechtigt sind. Die Behörden stehen dem oft misstrauisch gegenüber. Das Bundesamt für Migration und Flüchtlinge (BAMF) spricht bspw. im Zusammenhang mit dem Identifizierungssystem EURODAC von einer *Trefferquote* zur *Verhinderung des Asylshopping* (Bundesministerium des Innern/Bundesamt für Migration und Flüchtlinge, 2010, S. 116). Espenhorst (2010) kritisiert, dass nur wenige Behörden den *Jugendlichen* statt den *Flüchtling* sehen. Dem Helfersystem fehlen oftmals die Ressourcen für eine adäquate Unterstützung. Adam (1999) bezeichnet diesen Zustand als „erste Zwischenwelt" (ebd., S. 321 f).

Abbildung 2 fasst die wesentlichen Abfolgen der rechtlichen und psychosozialen Kontextbedingungen von minderjährigen Asylsuchenden in Deutschland grafisch zusammen.

2.2 Trauma

„Je länger ich über diesen Begriff nachdenke, desto unsicherer bin ich
mir darüber…Es geht nicht um das Trauma und die Folgen, sondern
es gibt einen traumatischen Prozess, der einen Anfang hat, aber über
dessen Ende wir schlecht reden können." (Becker, 2002, S. 67-68)

Die Thematik „Trauma" nimmt im Bereich der Flüchtlingsarbeit einen hohen Stellenwert ein. Anhand der beschriebenen Fluchtursachen in Abschnitt 2.1.1 lässt sich erkennen, dass Flüchtlinge in der Regel aus Regionen stammen, die ein hohes Maß an „sozialer Endstrukturierung" aufweisen (Becker, 1995; zit. nach Adam, 1999: S. 318). Dieser Zusammenbruch von gesellschaftlicher Kontrolle und Werten und Normen geht mit Armut und sozialer Gewalt einher (Adam, 1999, S. 318). Die Wahrscheinlichkeit von traumatischen Erfahrungen ist daher hoch. Dies bestätigen die Ergebnisse einer Studie zur „Früherkennung von vulnerablen Kindern und Jugendlichen", die bei 55 von 59 untersuchten jugendlichen Flüchtlingen eine Posttraumatische Belastungsstörung feststellte (REFUGIO München, 2010, S. 3). Neben der klinischen Relevanz kommt dem Trauma innerhalb der Flüchtlingsthematik eine hohe Bedeutsamkeit auf gesellschaftlicher und (asyl-) politischer Ebene zu. Die Komplexität der Thematik und die sich daraus ergebenden Konsequenzen sollen im Folgenden dargestellt werden.

2.2.1 Begriffsdefinition „Trauma" nach Fischer und Riedesser

Nach den Psychotherapeuten G. Fischer und P. Riedesser (2003) wird psychisches Trauma definiert als:

> ein vitales Diskrepanzerlebnis zwischen bedrohlichen Situationsfaktoren und den individuellen Bewältigungsmöglichkeiten, das mit Gefühlen von Hilflosigkeit und schutzloser Preisgabe einhergeht und so eine dauerhafte Erschütterung von Selbst- und Weltverständnis bewirkt (ebd., S. 82).

Den Autoren gemäß schließt diese Definition den im Kontext einer dialektischen Denkweise sowohl das objektive Ereignis (in Form einer außergewöhnlichen Bedrohung) als auch das subjektive Erlebnis von Hilflosigkeit und Überforderung ein. Die traumatisierende Erfahrung ist aus der wechselseitigen Beziehung zwischen Person und Umwelt zu verstehen. Das Trauma wird somit nicht allein durch eine Kategorie beobachtbarer Ereignisse definiert, sondern erhält seine traumatische Qualität durch die subjektive Bewertung innerhalb sozialer und gesellschaftlicher Bedeutungszusammenhänge (ebd., S. 61 ff).

Fischer und Riedesser verstehen Trauma als Prozess und entwickelten daraus ein „Verlaufsmodell der psychischen Traumatisierung", welches aus drei Phasen besteht:

- der traumatischen Situation
- der traumatische Reaktion
- dem traumatischen Prozess.

Die *traumatische Situation* ist aus dem eben genannten Zusammenspiel von Innen- und Außenperspektive zu verstehen (ebd., S. 62). Sie führt zu einer dauerhaften Erschütterung der Beziehung zur eigenen Person und der Welt. In diesem Zusammenhang betonen die Autoren die radikale Wirkung menschlich verursachter *Desaster* (ebd., S. 88), aufgrund derer die genannte Erschütterung ihren Abschluss keinesfalls mit dem Ende des traumatischen Ereignisses findet. Dies wird erst mit dem Entstehen einer qualitativ veränderten Situation möglich, welche die traumatischen Bedingungen zu überwinden vermag. Hierbei sind nach Ansicht der Autoren Schuldanerkennung, Wiedergutmachung sowie Fragen von Sühne und Strafe von besonderer Bedeutung (ebd., S. 75).

Das Konzept der *traumatischen Reaktion* stellt den Autoren nach einen individuellen Abwehr- und Bewältigungsversuch dar, wobei es zu einem Alternieren zwischen Phasen der Vermeidung und Phasen des Wiedererlebens kommt. Mithilfe eines funktionsfähigen Kontrollsystems aus Coping- bzw. Abwehrmechanismen ist ein kontrolliertes Wiedererleben möglich. Dieser für die Traumareaktion charakteristische Wechsel ermöglicht eine schrittweise Verarbeitung in Form eines Assimilierungsprozesses (ebd., S. 95 ff).

Fischer und Riedesser (2003) betonen, dass sich der anschließende *traumatische Prozess* häufig als ein lebenslanger Versuch darstellt um die überwältigende, physisch oder psychisch existenzbedrohende und oft unverständliche Erfahrung zu begreifen und in Lebensentwurf, Selbst- und Weltverständnis zu integrieren (ebd., S. 63). Konnte die traumatische Erfahrung nur ungenügend verarbeitet werden, entsteht, teilweise nach einer Zeit der kompensatorischen Kontrolle, das Bild eines chronischen posttraumatischen Belastungssyndroms. Bei genereller Schwäche der Kontrollfunktionen kommt es zu einer gleichzeitigen Fixierung von Vermeidungs- und Intrusionsphase. Dieser *Spezialfall* der Verlaufsdynamik, so die Autoren, wird in den Klassifikationssystemen des ICD-10 (Internationale statistische Klassifikation der Krankheiten und verwandter Gesundheitsprobleme) und des DSM-IV (Diagnostic and Statistical Manual of Mental Disorders) aufgegriffen und stellt die klinische Diagnose der posttraumatischen Belastungsstörung dar (ebd., S. 98ff).

2.2.2. Exkurs: Das Konzept der Posttraumatischen Belastungsstörung und weitere Diagnosen des Traumaspektrums

Einen Systematisierungsversuch stellt das Konzept der Posttraumatischen Belastungsstörung (PTSD: Post Traumatic Stress Disorder) dar, wie es im ICD-10 und DSM-IV-TR vorgenommen wird. Durch die Aufnahme einer ätiologischen Voraussetzung als diagnostisches Kriterium soll nach Davison, Neale & Hautzinger (2007) der Zusammenhang zwischen traumatischen Ereignissen und menschlichem Leid anerkannt werden (ebd., S. 191).

Im DMS-IV wird die PTSD zu den Angststörungen gezählt, da Angst als die zentrale Komponente betrachtet wird. Das Ereigniskriterium (Kriterium A) umfasst das Erleben oder das Beobachten von einem oder mehreren Ereignissen, die den „tatsächlichen oder drohenden Tod oder ernsthafte Verletzungen oder eine Gefahr der körperlichen Unversehrtheit der eigenen Person oder anderen Personen beinhaltet" (DSM-IV-TR, Saß, Wittchen, Zaudig, Houben, 2003, S. 520). Zudem umfasst die Reaktion der Person „intensive Furcht, Hilflosigkeit oder Entsetzen" (ebd., S. 520). Es wird darauf hingewiesen, dass andauernde, von Menschen verursachte traumatische Ereignisse schwerwiegendere Auswirkungen auf die psychische Gesundheit (ebd., S. 515 f). In den Kriterien B bis D werden die für die PTSD charakteristischen Symptome in drei Hauptkategorien unterteilt. Hierzu zählen: Wiedererleben des traumatischen Ereignisses (Kriterium B), anhaltendes Vermeidungsverhalten von Reizen, die mit dem Ereignis verbunden sind oder Einschränkung der allgemeinen Reagibilität (Kriterium C) sowie Symptome einer erhöhten Erregung (Kriterium D).

Die beschriebenen Symptome müssen länger als vier Wochen andauern (Kriterium E) und in klinisch bedeutsamer Weise Leiden oder Beeinträchtigungen in sozialen, beruflichen oder anderen wichtigen Funktionsbereichen verursachen (Kriterium F) (ebd., S. 515).

Das ICD-10 enthält im Gegensatz zum DSM-IV eine eigenständige Kategorie der „Reaktionen auf schwere Belastungen und Anpassungsstörungen" (Diagnosekategorie: F43) zur Eingruppierung der PTSD (ICD-10, Remschmidt, Schmidt, Poustka, 2006, S. 194 f) und entspricht im Wesentlichen dem ebenbeschriebenen Störungsbild des DSM-IV[10]. Die Kriterien des DSM-IV sind jedoch deutlich strenger, sodass die Diagnosen nach Rosner (2008) häufig nicht miteinander übereinstimmen (ebd., S. 397). Eine Ausnahme hierfür stellt die vom ICD-10 geforderte Latenzzeit von maximal sechs Monaten zwischen traumatischem Ereignis und Symptombeginn dar (ICD-10, Remschmidt et.al, S. 197 f). Hier ist das ICD-10 restriktiver gefasst als das DSM-IV. Darüber hinaus erlaubt das ICD-10 die Möglichkeit einer andauernden Persönlichkeitsveränderung infolge der Erfahrung von Extrembelastungen (Diagnosekategorie F62.0). Eine vorangegangene PTSD ist möglich, stellt aber kein diagnostisches Kriterium dar. Somit liegt im ICD-10 eine größere Variationsbreite für die Diagnose von Traumafolgestörungen vor (ebd., S. 261 f).

---

[10] Die diagnostischen Kriterien der PTSD nach DSM-IV-TR sowie nach ICD-10 befinden sich im Anhang im Wortlaut.

Differentialdiagnostisch ist im Zusammenhang mit einem traumatischen Ereignis die PTSD von der akuten Belastungsstörung sowie der Anpassungsstörung abzugrenzen.

Die akute Belastungsstörung (ABS) ist als unmittelbare Reaktion auf ein traumatisches Ereignis zu verstehen und geht mit deutlichen Beeinträchtigungen des sozialen und beruflichen Lebens einher. Sie tritt innerhalb von vier Wochen nach Eintreten des traumatischen Ereignisses auf und ist auf eine Dauer von vier Wochen beschränkt. Ein Übergang in die PTSD ist möglich, aber nicht zwingend (Davison et al., S. 191).

Die Anpassungsstörung (AS) wird im ICD-10 definiert durch:

> Zustände von subjektivem Leiden und emotionaler Beeinträchtigung, die soziale Funktionen und Leistungen behindern und während des Anpassungsprozesses nach einer entscheidenden Lebensveränderung, nach einem belastenden Lebensereignis oder auch nach schwerer körperlicher Krankheit auftreten (ICD-10, Remschmidt et al., 2006, S. 198).

Als Ursache werden hierbei im ICD-10, im Gegensatz zur PTSD, Belastungen von „nicht außergewöhnlichem oder katastrophalem Ausmaß" (ebd., S. 200) vorausgesetzt. Rosner (2008) betont jedoch, dass die Diagnose der AS häufig Verwendung findet, wenn Opfer eines traumatischen Ereignisses nicht alle geforderten Kriterien der PTSD erfüllen (ebd., S. 398). Entsprechend wird die AS nach Maercker (2009) auch als Verlegenheitsdiagnose bezeichnet (ebd., S. 26).

2.2.3 Kritik am PTBS-Konzept und dessen gesellschafts-politische Bedeutung

Die Aufnahme des Konzepts der Posttraumatischen Belastungsstörung in die klinischen Diagnosesysteme mit dem Ziel, den kausalen Zusammenhang zwischen traumatischen Erfahrungen und menschlichem Leiden anzuerkennen, ist der Psychologin S. Schriefers (2007) zufolge positiv hervorzuheben (ebd., S. 24). Fischer und Riedesser (2003) merken jedoch kritisch an, dass das Konzept trotz bzw. gerade wegen seiner Einfachheit und Übersichtlichkeit zu eng gefasst ist (ebd., S.46). In diesem Zusammenhang betont die Psychotherapeutin I. Koop (2001), dass das Konzept besonders in der Arbeit mit Überlebenden von extrem traumatischer Erfahrung häufig zu kurz greift (ebd., S. 562). Der Psychologe D. Becker (2006) bezeichnet die PTSD sogar als das „weltweit bekannteste Traumakonzept, gleichzeitig aber auch das nutzloseste, um *man-made-disasters* zu verstehen und mit ihnen umzugehen" (ebd., S. 184).

Die Kritik beginnt am Begriff selbst. Fischer und Riedesser (2003) weisen daraufhin, dass schon die Vorsilbe *post*traumatisch zweifelhaft ist, da sie das traumatische Ereignis mit dem Trauma gleichsetzt (ebd., S. 46). Auch Koop (2001) erwähnt, dass der Begriff „*post*traumatisch" bei Flüchtlingen oft nicht geeignet sei, da der Autoren zufolge die Traumatisierung nicht mit dem Verlassen der Heimat endet, sondern sich auf der Flucht und auch durch die schwierigen Lebensumstände im Exil weiter fortsetzt (ebd., S. 562 f). Die Diagnose PTSD (Posttraumatic *Stress* Disorder) klassifiziert das Trauma als Stressor. Dabei werden sämtliche mögliche Ereignisse, wie Autounfälle, Folter, Krankheiten oder Vergewaltigungen nebeneinander gestellt ohne dabei qualitativ unterschieden zu werden vgl. Abschnitt 2.2.2). Becker (2006) kritisiert, dass damit der soziale und politische Aspekt von Traumatisierungen ignoriert und auf ein individuelles psychopathologisches Problem reduziert werde (ebd., S. 185 f). Dem Autor zufolge müsse zwischen einer Stressbedrohung und einer katastrophischen Bedrohung unterschieden werden. Nach Benyakar und Mitautoren (1987) setzt eine solche Unterscheidung voraus, dass die Beziehung

zwischen Ereignis und subjektiver Bedrohungsbewertung mit einbe-
zogen wird. So kommt es im Fall einer Stressbedrohung zu einer
(normalen) Anpassungsleistung an die veränderten Subjekt/Umwelt-
Verhältnisse, ohne dass ein Verlust der Gesamtstruktur vorliegt. Demgegenüber stellt die traumatische Reaktion eine (ebenso normale) Anpassungsleistung an eine unnormale Situation nach Zusammenbruch
der Gesamtstruktur dar. Die Erfahrung wird chaotisch und verliert den
Bezug zur Umwelt (ebd.; zit. nach Becker, 1992, S. 135 ff). Becker
(1992) spricht daher von einer „undialektischen Charakterisierung des
Traumas" (ebd., S. 134). Er kritisiert, die PTSD-Konzeption bestimme
das Außen quantitativ, nicht qualitativ. Das Innen werde nur noch
vom Außen, d.h. über die Erhebung von Symptomen begriffen. Am
Ende wisse man zwar, dass eine Person krank ist, aber weder woran
sie leidet noch welche Therapiemöglichkeiten zu entwickeln sind
(ebd, S. 134 f). Becker (2006) argumentiert weiter, dass durch den
Begriff der „Störung" (Posttraumatic Stress *Disorder*) das Trauma zu
einem psychopathologischen Störungsbild neben anderen werde. Dadurch werde zwar das psychische Leiden der Opfer anerkannt, jedoch
nicht als soziales Leid (ebd., S. 185). Auch Koop (2001) weist darauf
hin, dass die Betrachtung der Betroffenen als „gestört" eine Rechtfer-
tigung der Täter unterstützt. Die Autorin spricht daher nicht von *Opfern*, sondern von *Überlebenden* (ebd., S. 564).

Die aufgeführten Kritikpunkte zeigen, dass das Konzept der Posttraumatischen Belastungsstörung, besonders im Bezug auf die Flüchtlingsthematik, kritisch zu betrachten ist. Dennoch spielt diese Diagnose nach Becker (2006) eine bedeutende Rolle in aufenthaltsrechtlichen
Fragen bei Flüchtlingen. Traumatisierte Personen gelten als international schutzbedürftig und dürfen demnach, sofern im Herkunftsland
keine geeigneten Behandlungsmöglichkeiten bestehen, nicht abgeschoben werden (ebd., S. 166 f). Die Diagnose „Posttraumatische Belastungsstörung" bedeutet daher für viele Flüchtlinge somit die zumindest geringe Chance auf einen Aufenthalt bzw. Abschiebeschutz.
Dem Psychologen R. Hillebrandt (2004) zufolge wird diese Anerkennung jedoch einem Großteil der Traumaopfer aufgrund der engen Kriterien versagt (ebd., S. 131 f). Becker (2006) führt an, dass die (politi-

sche) Anerkennung psychischen Leidens damit an festgesetzte Kriterien gebunden ist und zurückgenommen wird, sobald die Person diese nicht weiter erfüllt (d.h. wieder gesundet). Demzufolge könne ein Flüchtling sich in Deutschland nur solange sicher fühlen, wie er krank bleibt. Psychologische Fachkräfte stünden damit vor dem Dilemma, mittels Diagnosestellung, Therapieverlauf und -erfolg über Aufenthalt oder Abschiebung ihrer Patienten zu entscheiden (ebd., S. 170 f). Somit ist dem Autor zufolge „die Frage nach der Definition und dem Umgang mit Traumata in Theorie und Praxis ... nicht nur ein Problem der psychologischen Theorieentwicklung, sondern klar und deutlich ein Politikum" (ebd., S. 164). Diese gesellschaftliche und politische Bedeutung der Thematik ist auch bei der Betrachtung der historischen Anlässe der Theoriebildung und -weiterentwicklung, wie den beiden Weltkriegen, dem Holocaust und dem Vietnamkrieg, erkennbar. Die Geschichte der Erforschung psychischer Traumata bewegte sich im Hinblick auf ihren Stellenwert und den vorherrschenden Paradigmen von Beginn an in einem Spannungsfeld zwischen verschiedenen Interessengruppen (vgl. Seidler, 2009). Hillebrandt (2004) spricht daher von einem „der psychisch, moralisch, gesellschaftlich und insbesondere auch politisch brisantesten wissenschaftlichen Themen" (ebd., S. 10). Er argumentiert, dass aus der Tatsache, dass in der Definition des Traumas die Ursache in Form eines äußeren Ereignisses festgelegt ist, sich eben auch die Frage nach Schuld und Verantwortlichkeit ergibt. Nach Hillebrandt ist „ein Großteil der Traumata das direkte Produkt von gewalttätigen und brutalen menschlichen Handlungen und extremer traumatogener sozialer Verhältnisse, für die wir alle Mitverantwortung tragen" (ebd., S. 22). Ein Großteil der Traumatisierungen findet dem Autor zufolge in gesellschaftlichen und staatlichen Institutionen und Strukturen statt bzw. wird bspw. im Falle von Traumatisierungen durch Kriegserlebnisse, Verfolgung und Abschiebung usw. von selbigen aufrechterhalten und legitimiert. Hillebrandt stellt zudem die These auf, dass allein die Auseinandersetzung mit dem Phänomen „Trauma" eine traumatisierende Wirkung auf alle Menschen hat und dass der wissenschaftliche, gesellschaftliche und politische Umgang mit der Thematik, der von Ablehnung, Unglaube, Leugnung und Bagatellisierung geprägt ist, die ebengenannte Traumatisierung und dessen Verarbeitungsversuch darstellt. Er argumentiert, dass das Trauma uns mit unsagbarem Leid und der eigenen Sterblichkeit konfrontiert und insofern durch dieses bezeugte Leid die eigenen psychischen Verarbeitungskapazitäten überschritten werden, komme es durch die Anwendung primitiver Abwehrmechanismen zu Abspaltung und Verleugnung. Somit sei dem Autor zufolge ein ganzheitliches Verständnis der Bedeutungsdimension eines Traumas nicht mehr möglich und wissenschaftlich nicht angemessen fassbar. In diesem Zusammenhang betont Hillebrandt die Wichtigkeit der Anerkennung von gesellschaftlichen und politischen Strukturen und Prozessen im Kontext des Traumas (ebd., S.22 ff).

Judith Hermann (1992/1994) beschreibt in dem folgenden Zitat die Abwehr, die auf individueller sowie gesellschaftspolitischer Ebene wirksam ist und die darauf abzielt die Realität des Traumas zu verleugnen:

> Nach jeder Gewalttat sind die gleichen Ausreden zu erwarten: Es ist nie geschehen; das Opfer lügt; das Opfer übertreibt; das Opfer ist selber schuld; es ist ohnehin an der Zeit, dass man die Vergangenheit ruhen lässt und in die Zukunft blickt. Je mächtiger der Täter, desto umfassender ist sein Vorrecht, Realität zu benennen und zu definieren, und desto vollständiger kann er seine Argumente durchsetzen (ebd., S. 18 f).

In Anlehnung an den Psychoanalytiker W. Bohleber (2000) ist im Falle der sog. „man made disasters" die Regeneration des erschütterten Selbst- und Weltverständnisses der Opfer nur möglich durch die Anerkennung von Verursachung und Schuld innerhalb eines gesellschaftlichen Diskurses (ebd., S.823 f). Eben dieser Aspekt macht nach Hillebrandt die politische Brisanz des Traumadiskurses aus. Die geforderte Anerkennung der Traumaopfer bzw. der traumatisierenden Verhältnisse ist mit finanziellen, moralischen, psychischen, rechtlichen sowie politischen Konsequenzen verbunden und beinhaltet somit erhebliche Bedrohungspotentiale für herrschende gesellschaftliche Konstellationen, bestehende soziale Verhältnisse und institutionelle Ordnungen (ebd., 2004, S.31 f).

Vor dem Hintergrund der eben aufgeführten Kritikpunkte soll im Folgenden das Modell der „Sequentiellen Traumatisierung" von dem Psychiater und Psychoanalytiker H. Keilson (1979/2005) vorgestellt werden.

2.2.4 Sequentielle Traumatisierung nach Keilson

Keilson (1979/2005) untersuchte im Rahmen einer follow-up-Untersuchung das Schicksal jüdischer Kriegswaisen aus den Niederlanden, die zur Zeit des Verfolgungsgeschehens des 2. Weltkrieges entweder untergetaucht oder im Konzentrationslager waren. Ziel der Arbeit war die Untersuchung des Einflusses traumatischer Erfahrungen auf den kindlichen Entwicklungsprozess in Abhängigkeit vom Alter. Ferner interessierte Keilson, welche gesellschaftlichen Unternehmungen und Unterstützungsangebote für diese Kinder erfolgten, sowie die Auswirkungen dieser Erfahrungen auf den weiteren Entwicklungsverlauf im Erwachsenenalter (ebd., S. 2 ff).

Keilson erweitert den Traumabegriff in Anlehnung an Lorenzer (1966) „von einem anscheinend einmaligen und plötzlich auftretenden, ... , Ereignis zur ‚traumatischen Situation' mit langwährenden, psychisch extremen Belastungsaspekten" (Keilson, 1979/2005, S. 51). Ausgehend von Khans Überlegungen zur „kumulativen Traumatisierung"[11] folgert Keilson in Bezug auf seine Untersuchungen, „dass die extreme Belastungssituation, ..., aus einer steten Folge massiver, einander verstärkender ... traumatischer Situationen besteht, die auch nach Beendigung der Verfolgung selbst, weiterging" (ebd., S. 426).

---

[11]M.R. Kahn (1977) entwickelte das Konzept des „kumulativen Traumas", wonach sich ein Trauma sukzessiv aus einer Reihe nichttraumatischer Erfahrungen aufbaut, verstärken und zum Zusammenbruch führen kann. Khan führt damit eine zeitliche Dimension in die Traumatologie ein (Becker, 1992, S. 129 f).

Ein zentraler Aspekt besteht Keilson zufolge in der Miteinbeziehung der gesellschaftspolitischen Dimension der traumatischen Ereignisse. Es handelte sich nicht um Einzelschicksale und Individuen, die zufällig Juden waren, sondern es ging um die Verfolgung der jüdischen Gruppe (ebd., S. 55 f). So hieße es „das Wesen der Verfolgung … miß[zu]verstehen, wenn man den direkten Bezug auf die als Verfolger auftretende soziale Umwelt … aus den Augen verlöre." (ebd., S. 55 f).

In seinem Modell unterscheidet er drei traumatisierende Sequenzen, die er als in sich geschlossene Einheiten betrachtet und die jeweils eine Anzahl traumatogener Momente enthalten (ebd., S. 56):

Die *erste traumatische Sequenz* beginnt mit der Besetzung der Niederlande durch die deutschen Truppen, dem Beginn der Verfolgung und dem Angriff auf die Würde und Integrität der jüdischen Minderheit. Sie ist gekennzeichnet durch Ängste, der erzwungenen Isolierung von der nicht-jüdischen Gemeinde und v.a. durch die „panische Auflösung der eigenen vertrauten Umgebung" (Keilson, 1979/2005, S. 56 f).

Die *zweite traumatische Sequenz* beinhaltet die direkte Verfolgung durch die Nationalsozialisten: Deportation von Eltern und Kindern bzw. die Trennung von Mutter und Kind. Es kommt zum Abbruch jeglicher geregelter Spiel-, Lern- und Bildungsmöglichkeiten. Neben der direkten Lebensbedrohung und der Rechtlosigkeit entstehen Dauerbelastungen, wie Entbehrung, Hunger und Krankheiten. Nach Keilson (1979/2005) lassen sich zwei Problemdimensionen unterscheiden: die aktuelle Kriegssituation und die Pflegekindschaft (ebd., S. 57 f).

Die *dritte traumatische Sequenz* bezieht sich auf die Nachkriegsperiode mit allen Schwierigkeiten der Wiedereingliederung und besonders mit der Konfrontation mit dem Tod der Eltern und der sich daraus ergebenden Waisen- und Vormundschaftsproblematik. Keilson (1979/2005) beschreibt, dass „das Ende der Lebensbedrohung, der Beginn der Rehabilitationsmaßnahmen, der Versuch der Aufarbeitung der entstandenen Schäden und Lücken … nur zu oft zu einer Verstärkung der Konfrontation mit den erlittenen Traumata, und dadurch zu neuen Schädigungen [führe]." (Keilson, 1979/2005, S. 58).

Neben der Erkenntnis, dass ein Zusammenhang zwischen dem Alter zu Beginn der Traumatisierung und den andauernden Persönlichkeitsveränderungen besteht (vgl. ebd., S. 313 ff), zählt zu den bedeutsamsten Ergebnissen seiner Forschung, dass ein statistischer Zusammenhang zwischen dem Verlauf der dritten Sequenz, nicht aber der zweiten, und dem sozialen Funktionieren in den Lebensbezirken Ehe, Beruf und Freizeit besteht (ebd., S. 318). Zwischen dem Verlauf der zweiten Sequenz und der dritten Sequenz besteht nach Keilson kein Zusammenhang (ebd., S. 317). Keilson konnte nachweisen, dass „Kinder mit einer günstigen zweiten, aber einer ungünstigen dritten traumatischen Sequenz, … ca. 25 Jahre später ein ungünstigeres Entwicklungsbild als Kinder mit einer ungünstigeren zweiten, aber einer günstigen dritten traumatischen Sequenz, [zeigten]" (ebd., S. 430).

Nach Becker (2006) beinhaltet das Konzept von Keilson „einen grundlegenden Wechsel im Verständnis von Traumata …. [und] macht … deutlich, dass es ein „Nach-dem-Trauma" nicht gibt" (ebd., S. 188 f). Für ihn ist die Traumadiagnose ein politisches Problem und eine weltweit einheitliche Diagnose nicht möglich (ebd., S. 149). Keilson löst seiner Meinung nach dieses Problem, in dem er auf eine Definition einer begrenzten Anzahl von Symptomen oder Situationen verzichtet und stattdessen eine kontextualisierte Beschreibung der traumatischen Prozesse vornimmt. Dies ermöglicht dem Autor gemäß eine Anwendung des Modells in unterschiedlichsten kulturellen und politischen Settings (ebd., S. 189).

Übertragen auf die Flüchtlingsthematik bedeutet dies, dass das Leben im Exil die dritte Sequenz des traumatischen Prozesses darstellt. Nach dem Psychologen van der Veer (1998) ist diese geprägt von: Sorgen um die in der Heimat Zurückgebliebenen, schmerzhaften Erinnerungen an die traumatischen Ereignisse, Abschiebeängsten, Anpassungs- und Integrationsschwierigkeiten an die fremde Kultur des Aufnahmelandes, Gedanken an eine mögliche Rückkehr sowie Trauer um erfahrene Verluste und Zukunftsängsten (ebd., S. 9)

Diese Perspektive stellt meines Erachtens die Bedeutsamkeit der Gestaltung von Aufnahme und Umgang mit geflüchteten Menschen heraus und verdeutlicht die diesbezügliche Verantwortung der Aufnahmegesellschaft. Vor diesem Hintergrund soll im Folgenden der Migrationsprozess und dessen psychologische Aspekte betrachtet werden.

2.3 Migration

„Bewegungen von Menschen über relevante Grenzen hinweg hat es zu allen historischen Zeiten und fast überall gegeben. Migration ist eine universelle Praxis, eine allgemeine menschliche Handlungsform."
(Paul Mecheril, 2010, S. 7)

Im vorherigen Kapitel wurde die Bedeutung der Phase des Exils als dritte traumatische Sequenz für die psychische sowie physische Gesundheit traumatisierter Menschen herausgearbeitet. Vor diesem Hintergrund möchte ich den Migrationsprozess und dessen Anforderungen näher betrachten. Zum anderen soll dargestellt werden, dass Art und Verlauf der Migration, auch ohne vorausgegangene Extremtraumatisierungen, verschiedene belastende Momente enthalten und somit in jedem Fall in der Entwicklung der jugendlichen Flüchtlinge in Deutschland von Bedeutung sind.

Definition

Nach Grinberg und Grinberg (1984/1990) wird Migration definiert als: „Akt und Wirkung des Übergangs von einem Land zum anderen, um sich in diesem niederzulassen" (ebd., S.18). Nach Adam (2009a) ist das Besondere dieser Definition, dass in ihr, im Gegensatz zu anderen Definitionen, psychologische und soziologische Prozesse des Individuums sowie die Wechselwirkungen mit der Umwelt enthalten sind (ebd., S. 246).

2.3.1 Psychologische Stadien der Migration

Der Psychiater C. E. Sluzki (2001) beschreibt diese psychologischen Prozesse im Rahmen eines Modells, in dem er den Migrationsprozess in fünf differenzierbare Phasen unterteilt, die seiner Meinung nach „einen Recht hohen Grad kulturübergreifender Validität" besitzen (ebd., S. 102). Die Anpassungsleistung der jeweiligen Phasen entspricht der Form einer funktionellen Stresskurve und folgt dabei einem spezifischen Muster (ebd., S. 103).

Die Migration beginnt nach Sluzki mit einer *Vorbereitungsphase,* in der sich die Person mit der bevorstehenden Migration auseinandersetzt, und ist von ambivalenten Gefühlen, die von Euphorie bis hin zu Ängsten, Trauer und Überbelastungen reichen können, geprägt. Migrationsmotive beeinflussen Erwartungen und Annahmen über das Aufnahmeland (ebd., S. 103 ff). Nach dem *Migrationsakt,* der sich in vielen Fällen über längere Zeiträume erstreckt und von erheblichen Belastungen geprägt sein kann, folgt dem Autor zufolge die *Phase der Überkompensation* im Aufnahmeland. In dieser Zeit sind Orientierungs- und Anpassungsprozesse, die das Überleben und die Erfüllung der Basisbedürfnisse sichern, von enormer Wichtigkeit, so dass Unstimmigkeiten zwischen Erwartungen und Realität verdrängt werden (müssen). Sluzki (2001) betont, dass in dieser Phase die Anpassungsfähigkeit oftmals am größten sei (ebd., S. 105 ff). Dies gelinge seinen Beschreibungen nach jedoch nur für einen begrenzten Zeitraum. Die darauf folgende *Phase der Dekompensation* stellt in seinem Modell das zeitlich längste sowie qualitativ tiefgreifendste Stadium dar. Die Hauptanforderung besteht nach Sluzki darin, ein Gleichgewicht zwischen altbewährten Gewohnheiten und nötigen Anpassungsleistungen an die neue Umwelt zu erreichen, um so eine „neue Realität" zu gestalten (ebd., S. 108). Die sich daraus ergebenden Konflikte führen häufig zu erhöhter Anspannung und Stresserleben, wodurch die Ausbildung von somatischen und psychischen Beschwerden oder auch die Entwicklung problematischer Verhaltensweisen, wie Delinquenz, gefördert werden kann (ebd., S. 110). In der *Phase der generationsübergreifenden Anpassungsprozesse* haben die Migranten unterschiedliche Strategien zum Umgang mit den Folgen des Migrationsprozesses gefunden. Verzögerungen im Anpassungsprozess drücken sich dem Autor nach spätestens in Konflikten der nachfolgenden Generationen aus (ebd., S. 110).

2.3.2 Belastungen und Anforderungen der Migration

Sluzki (2001) beschreibt in seinem Phasenmodell die verschiedenen Belastungen, die innerhalb eines Migrationsprozesses auftreten können. Auch Grinberg und Grinberg (1984/1990) betonen die Belastungen der Migration und sprechen von „Migration als Trauma und Krise" (ebd., S. 9). Dabei verstehen sie Trauma als Prozess und unterscheiden im Fall der Migration zwischen dem so genannten "Schock-Trauma" (ebd., S. 10) und „Situationen, die sich auf mehr oder weniger lange Zeitabschnitte erstrecken" (ebd., S. 9). Traumata können demnach nicht als isolierte Erfahrung ohne Berücksichtigung des Kontextes betrachtet werden (ebd., S. 11). Laut den AutorInnen ist Migration „eben keine isolierte traumatische Erfahrung, … [sondern] schließt eine Konstellation von Faktoren ein, die Angst und Leid bestimmen [und] …. von tiefen und dauerhaften Auswirkungen begleitet wird" (ebd., S. 11). Ihrer Meinung nach ist „die spezifische Qualität der Reaktion auf die traumatische Erfahrung der Migration das Gefühl der ‚Verlassenheit'" (ebd., S. 12). Dieses Gefühl setzen Grinberg und

Grinberg in Beziehung zu den Krisen der Individualentwicklung, wie der Geburt und der Adoleszenz. Sie definieren Krise als Übergangsphase mit Entbehrungs- und Verlustmomenten sowie Zuständen von Desorganisation, in denen einerseits eine erhöhte Vulnerabilität für psychische oder physische Störungen besteht, die andererseits jedoch auch die Möglichkeit für persönliches Wachstum bieten (ebd., S. 13 f). Diesen Vergleich zieht auch der Psychiater W. Machleidt (2004) und bezeichnet Migration, nach Geburt und der Phase der Adoleszenz, als „dritte Individuation" (vgl. ebd.). Diese ist gekennzeichnet durch das Verlassen eines vertrauten Raumes, Neugier und Faszination, aber auch Ängsten, ausgelöst durch das Unbekannte. Machleidt beschreibt, ähnlich wie Sluzki (2001), eine anfängliche Phase der Euphorie und eine darauffolgende Phase mit erhöhten negativen Gefühlserlebnissen und Ernüchterung. In diesem Zusammenhang entstehen Zweifel an der bestehenden sowie die Suche nach einer neuen Identität (ebd., S. 301 ff). Diesen Prozess bezeichnet er als „die Geburt als Weltbürger" (ebd., S. 298). Ebenso beschäftigt sich der Psychoanalytiker M. E. Ardjomandi (1998) in seinem Artikel: „Migration – ein Trauma?" bei dem Versuch der Beantwortung dieser Frage mit den Themen der Identitätsbildung und Identitätsstörungen bei Migranten (ebd., S. 309). Seiner Meinung nach lebt ein Migrant „in ständiger Angst vor Verlust seiner individuellen und kulturellen Identität" (ebd., S. 314). Ardjomandi beschreibt die Herausforderung und die Problematik, sich abgeschnitten von seinem kulturellen Ursprung und seiner kulturellen Orientierung, in einer fremden, mitunter bedrohlichen Welt zurecht zu finden. Die hierzu geforderten Anpassungsleistungen stehen dem Autor zufolge dabei oftmals im Widerspruch zu den bisher bestehenden Normen und Idealen und können zu innerseelischen Konflikten, die von Schuldgefühlen und Loyalitätskonflikten gegenüber der Herkunftskultur[12] geprägt sind, führen (ebd., S. 314 f).

---

[12] Das dieser Arbeit zugrunde liegende Kulturverständnis geht davon aus, dass Kulturen keine in sich geschlossenen Systeme sind, sondern es viele Verbindungen, Verflechtungen und Durchdringungen bestehen. Es begreift Kultur als dynamisch sowie kontext- und interaktionsabhängig. Gesellschaft und Communities sind durch

Die Migrationsforscher J. W. Berry und D. L. Sam (1997) bezeichnen diesen Prozess als *Akkulturation*, worunter sie die sozialen und kulturellen Veränderungen innerhalb einer Gruppe bzw. die psychologischen Auswirkungen der einzelnen Gruppenmitglieder durch den Kontakt mit einer anderen Kultur, verstehen. Diese Veränderungen beziehen sich prinzipiell auf beide Gruppen, finden den Autoren nach jedoch verstärkt innerhalb einer davon statt (ebd., S. 293 f). Dabei sind zwei Aspekte von zentraler Bedeutung:

	Aufrechterhaltung der eigenen kulturellen Identität?	
Antwort	**JA**	**NEIN**
Kontaktaufnahme und Beziehungsaufbau zur Aufnahmegesellschaft? JA	**Integration**	**Assimilation**
NEIN	**Separation**	**Marginalisierung**

Tabelle 1: Bidimensionales Akkulturationsmodell nach Berry und Sam (1997, S. 296).

eine Vielzahl von Vermischungen gekennzeichnet und sind in sich differenziert und komplex, so dass sie neben ihren verbindenden Elementen durch eine starke Heterogenität geprägt sind. Dabei stellt die ethnische und nationale Herkunft/Zugehörigkeit nur ein Element von Kultur und Identität dar. Bei der Verwendung der Begriffe „DIE Herkunftskultur" oder „DIE Aufnahmekultur" handelt es sich somit um vereinfachte Darstellungen eines komplexen Prozesses.

Zum einen die Wichtigkeit, die eigene kulturelle Identität beizubehalten (*cultural maintenance*), zum anderen den Wunsch nach Kontakt und Beziehung zur Aufnahmegesellschaft (*contact and participation*). Daraus leiten Berry & Sam (1997) vier Möglichkeiten der Akkulturation bzw. Akkulturationsstrategien ab: Assimilation, Integration, Separation und Marginalisierung (vgl. Abb. 3).

Ist es möglich, sowohl die eigene kulturelle Identität aufrechtzuerhalten und sich gleichzeitig an die Aufnahmekultur anzupassen, kann dies den Migrationsforschern nach als *Integration* bezeichnet werden. Unter *Assimilation* verstehen die Autoren dagegen einen einseitigen Anpassungsprozess an die Mehrheitskultur unter Aufgabe der Herkunftskultur, während *Separation* ihnen zufolge das Festhalten an diese bei gleichzeitiger Vermeidung von Kontakt zur aufnehmenden Gesellschaft meint. Werden weder Beziehungen zur Herkunftskultur noch zur Aufnahmegesellschaft gehalten, sprechen sie von *Marginalisierung* (ebd., S. 296 f).

Im Fall der Separation sowie der Marginalisierung sprechen Berry und Sam von *mangelnder Passung* zwischen den Kulturen, was wiederum zu Konflikten und (Akkulturations-) Stress führt und in Folge psychische und psychosomatische Störungen auftreten können (ebd., S. 299). Die Autoren zeigen meines Erachtens anhand ihrer Überlegungen, dass die Art der Akkulturation sowohl von Einstellungen und Handlungen der Migranten abhängt, wie auch von den Prozessen und Bestimmungen der Aufnahmegesellschaft beeinflusst und (mit-)gestaltet wird. Die einseitige Idealisierung bzw. Ablehnung der Aufnahmegesellschaft oder der Herkunftskultur ist nach Leyer (1991) ein wesentlicher Aspekt in der Ätiologie psychischer Auffälligkeiten, wie Depressivität und Ängstlichkeit bei Migranten (ebd.; zit. nach Adam, 2009a, S. 246).

2.3.3 Spezifische Aspekte des Jugendalters

Die aufgeführten (psychologischen) Aspekte des Migrationsprozesses verdeutlichen meines Erachtens, dass schon die Migration nur für sich betrachtet, belastende sowie potentiell traumatische Ereignisse bzw. Anforderungen enthält. Diese fallen bei minderjährigen unbegleiteten Flüchtlingen zusammen mit den Anforderungen und Entwicklungsaufgaben der Adoleszenz. Van der Veer (1998) beschreibt drei Hauptaufgaben der Adoleszenz: Die Integration von aggressiven und sexuellen Impulsen, die Ablösung von den Eltern und die Entwicklung einer selbstständigen Zukunftsplanung. Die Bewältigung dieser Aspekte wird seiner Meinung nach durch die Bedingungen von Migration und Flucht erschwert bzw. gefährdet (ebd., S. 157).

Die *Integration von aggressiven und sexuellen* Impulsen in das Ich, sowie das Finden eines sozial adäquaten Umgangs mit ihnen, wird dem Autor nach durch die Erfahrung von traumatischen (Gewalt-) Erfahrungen kompliziert (ebd., S. 157 f). Adam (2009b) schreibt in diesem Zusammenhang, dass aggressive und sexuelle Phantasien in Zeiten von Krieg und Gewalt an „dramatische[r] Realität" gewinnen und nur noch schwer differenziert werden können. Er macht darauf aufmerksam, dass erwachsene Vorbilder oftmals fehlen und die Verletzung von Gesetzen und ethischen Normen häufig ohne Konsequenzen bleiben (ebd., S. 142).

Die *Ablösung von den Eltern* kann van der Veer (1998) nach durch die erzwungene Trennung nicht in Form eines Prozesses verlaufen, sondern erfolgt plötzlich. Zudem stehen dem Wunsch nach Selbstständigkeit Schuld- und Verantwortungsgefühle sowie der Sehnsucht nach ihnen gegenüber (ebd., S. 158 ff).

Die *Entwicklung einer selbstständigen Zukunft* stellt nach van der Veer eine besonders schwierige Aufgabe dar. Sie ist stark verknüpft mit dem eigenen Selbstbild und der Identitätsentwicklung (ebd., S. 160). Nach dem Psychoanalytiker E. H. Erikson (1973) zählt zu den wichtigsten Entwicklungsaufgaben im Jugendalter die Ausbildung einer eigenständigen Ich-Identität vor dem Hintergrund gesellschaftlichen Anforderungen und Integration (ebd. zit. nach Silbereisen & Schmitt-Rodermund, 1998, S. 358 f). Dieser gesellschaftliche Bezug ist in den meisten Herkunftsregionen der jugendlichen Flüchtlinge noch bedeutender. So betont der Psychoanalytiker und Ethnologe P. Parin (1978) im westafrikanischen Kontext die Verfügbarkeit intakter Gruppenstrukturen und Beziehungen für die Ausbildung befriedigender Ich-Leistungen und spricht dabei von einem „Gruppen-Ich" (ebd. zit. nach Adam, 1999, S. 325). Vor diesem Hintergrund hebt Adam die „enorme psychische Last" der Jugendlichen hervor, die durch in sie gesetzte Hoffnungen und Erwartungen der in der Heimat zurückgebliebenen Familienmitglieder entsteht (ebd., S. 323 f). Van der Veer (1998) merkt zudem an, dass die Jugendlichen diesen Anforderungen aufgrund der restriktiven Asylpolitik oftmals nicht entsprechen können, was infolge dessen zu einer emotionalen Separation führen sowie einer aktiven Gestaltung der eigenen Zukunft entgegenstehen kann (ebd., S .160).

Laut Adam (1999) stehen die Jugendlichen vor einem inneren Konflikt. Sie möchten einerseits im Exilland bleiben, bemerken jedoch, dass sie es nicht dürfen. Gleichzeitig verspüren sie aber auch aufgrund sozialer Schwierigkeiten, realisierter Perspektivlosigkeit und alltäglichen Ausgrenzungs- und Rassismuserfahrungen, den Wunsch in das Herkunftsland zurückzukehren. Dies ist jedoch nicht möglich, da das Exil häufig immer noch bessere soziale und rechtliche Bedingungen bietet als die Herkunftsregion und ihnen in der Heimat als „erfolglose Rückkehrer" oftmals eine soziale Ausgrenzung droht (ebd., S. 322 f). Die Jugendlichen sehen sich somit ohne Familie und dessen Ressourcen einer geschlossenen Gesellschaft gegenüberstehend. Adam nennt diesen Konflikt: „Zweite Zwischenwelt" (ebd., S. 327).

2.4 Bewältigung

„Wer ein Warum zu leben hat, erträgt fast jedes Wie."
(Friedrich Nietzsche)

In den vorherigen Abschnitt wurde ein Überblick über die wesentlichen Aspekte der Lebenswelten von jugendlichen Flüchtlingen in Deutschland gegeben und die sich hieraus ergebenen Belastungen und Herausforderungen beschrieben. Im folgenden Abschnitt soll daher der Frage nach der Bewältigung dieser Bedingungen nachgegangen werden. Im ersten Abschnitt erfolgt ein Überblick bekannter psychologischer Modelle. Im zweiten Abschnitt werden Erkenntnisse aus dem Bereich der Flüchtlingsforschung vorgestellt.

2.4.1 Psychologische Modelle

Die ForscherInnen R. S. Lazarus und S. Folkman (1984) definieren Bewältigung: „as constantly changing cognitive and behavioral efforts to manage specific external and/or internal demands that are appraised as taxing or exceeding the resources of the person" (ebd., S. 141). Die AutorInnen betonen mit dieser Definition den Prozesscharakter von Bewältigung und verzichten dabei auf eine Bewertung der gewählten Strategien. Unter Bewältigung zählen ihnen zufolge alle Handlungen und Bemühungen zur Bearbeitung der belastenden Situation, unabhängig wie erfolgreich sie sind, noch ob sie zur Lösung des Problems führen. Zudem unterscheiden sie zwischen Bewältigung basierend auf aktiven Wahrnehmungs- und Bewertungsprozessen und automatischen Verhaltensweisen (ebd., S. 141 f). Lazarus et al. grenzen sich somit von den vorherigen Ansätzen, die sich entweder auf tierexperimentelle Befunde oder auf das Abwehrmodell der Psychoanalyse beziehen, ab. Erstere umfassen (lerntheoretische) Mechanismen der Stressreduktion durch Flucht und Vermeidung und schließen den Autoren nach kognitive und emotionale Prozesse weitestgehen aus. Letzteres beschreibt, den AutorInnen, gemäß Formen der Abwehr, die innerhalb eines hierarchischen Modells von pathologisch zu gesund angeordnet sind. Lazarus und Folkman kritisieren, dass durch diese Bewertung komplexe Interaktionen zwischen Person, Umwelt und Situation nicht beachtet würden (ebd., S. 117 ff). So können ihrer Ansicht nach etwa Abwehrmechanismen wie Vermeidung und Leugnung in Abhängigkeit der Situation durchaus funktional sein und vor weiteren psychischen Belastungen schützen (ebd., S. 134 ff). Die Bewertung der Situation nimmt nach Lazarus und Folkman (1987) im Bewältigungsprozess eine zentrale Rolle ein. Sie unterscheiden innerhalb ihres *Transaktionalen Stressmodells* zwischen *primary appraisal* (Was bedeutet die Situation für mich persönlich? Handelt es sich um eine Gefahr oder Herausforderung?) und *secondary appraisal* (Welche Ressourcen und Handlungsmöglichkeiten stehen mir zur Verfügung?). Im darauf folgenden Bewältigungsversuch differenzieren die AutorInnen zwischen *problemzentrierten* und *emotionszentrierten* Strategien. Die erste Form/Funktion umfasst Versuche, der Ursache der Belastung entgegenzuwirken; die Zweite bezieht sich auf Bemühungen der Emotionsregulation und Stressreduktion, ohne die Ursachen dafür direkt zu bearbeiten (ebd., S. 145 ff). Insgesamt betonen Lazarus und Folkman (1984) die Bedeutung von kognitiven Einschätzungen und Bewertungen der Situation in Abhängigkeit der eigenen Ressourcen und Kontrollüberzeugungen im Bewältigungsprozess (vgl. ebd.).

Meines Erachtens ist die Theorie von Lazarus für das vorliegende Forschungsinteresse von Bedeutung, da sie die Person als aktiv handelnden und kompetenten Menschen betrachtet und die Bedeutung der Situation in Bezug zu den vorhandenen Handlungsmöglichkeiten und Ressourcen hervorhebt. Diese Annahmen werden bestätigt durch die Ergebnisse der Studie von Suedfeld, Krell, Wiebe & Steel (1996), die die Bewältigungsstrategien von Überlebenden des Holocaust untersuchen. Die Autoren geben an, dass die Überlebenden, die nicht nur die Zeit des Holocaust überstanden, sondern es auch geschafft hatten erfolgreich ein neues Leben aufzubauen, sich in erster Linie als „Problemlöser" betrachteten und ihren Erfolg maßgeblich ihren Fähigkeiten zur Problemlösung und Selbstkontrolle zuschrieben (ebd., S. 175 f). Der Psychologe M. Zaumseil (2006) kritisiert jedoch, dass das Modell nur wenig Auskunft darüber gibt, wie die jeweiligen Bewertungen und die dahinterliegenden Konstruktionen entstehen und somit aus ihren gesellschaftlichen und kulturellen Bezügen enthoben werden (ebd., S. 32 f).

Neuere Forschungen konzentrieren sich Zaumseil zufolge auf Formen des sogenannten *„meaning centered Coping"*, wobei Faktoren der Sinngebung sowie positive Orientierungen, wie Spiritualität und persönliches Wachstum, als bedeutsame Faktoren für den Bewältigungsprozess entdeckt wurden (ebd., S. 32 f). In diesem Zusammenhang ist beispielsweise das Konstrukt des *Posttraumatischen Wachstums* zu erwähnen. Innerhalb ihrer Untersuchungen zu möglichen positiven Auswirkungen traumatischer Erfahrungen fanden die Psychologen R. G. Tedeschi & L. Calhoun (1996) fünf Bereiche, die aus einem Bewältigungsprozess dieser Erlebnisse resultieren können. Diese lauten: *Intensivierung persönlicher Beziehungen, Entdeckung neuer Möglichkeiten, Wahrnehmung eigener Stärken, Intensivierung eines spirituellen Bewusstseins sowie Intensivierung der Wertschätzung des Lebens* (vgl. ebd.). Die Autoren betrachten die eben aufgeführten Faktoren hauptsächlich als Ergebnis eines Prozesses, in dem die kognitive Auseinandersetzung und Reflexion mit den Geschehnissen von zentraler Bedeutung sind (Zöllner, Calhoun & Tedeschi, 2006, S. 39 f). Andere Konzeptualisierungen wiederum betrachten das Modell eher als eine Bewältigungsstrategie in Form von Bewertungs- und Interpretationsprozessen des Traumas im Kontext von Bedeutungs- und Sinnzusammenhängen (ebd., S. 39). Berichte über posttraumatische Reifung können den Autoren nach zudem auch ein Ausdruck von Selbsttäuschung und Wunschdenken im Sinne einer Selbstberuhigung oder Vermeidungsstrategie bezüglich der Auseinandersetzung mit den traumatischen Erfahrungen sein (ebd., S. 40 f).

In diesem Rahmen ist meiner Ansicht nach darauf hinzuweisen, dass die einseitige Betrachtung dieser Aspekte nicht dazu führen darf Traumatisierungen zu verharmlosen oder Menschen, die an Traumafolgestörungen leiden, zu pathologisieren. Das Konzept soll daher als ein Teilaspekt zu einer ganzheitlichen Sichtweise von Bewältigungsprozessen beitragen.

Auch der Medizinsoziologe A. Antonovsky (1987/1997) richtet im Rahmen seiner wissenschaftlichen Arbeit die Aufmerksamkeit eher auf gesundheitsfördernde Faktoren und entwickelte daraus das *Konzept der Salutogenese* mit dem zentralen Konstrukt des Kohärenzgefühls (sense of coherence, SOC) (vgl. ebd.). Innerhalb von Untersuchungen mit jüdischen Frauen, die den Holocaust überlebt hatten, stellte er (zufällig) fest, dass ein Großteil der Frauen trotz dieser extremen Erfahrungen über eine „gute psychische Gesundheit" verfügte (ebd., S. 15). Diese Erkenntnis war der Ausgangspunkt seiner weiteren Forschungen über das „Wunder des Gesundbleibens" (Franke, 1997, S. 13). Dabei geht Antonovsky (1987/1997) von einem Kontinuum zwischen den Polen „Gesundheit" und „Krankheit" aus (ebd., S. 22 f). Seinen Annahmen zufolge ist das Kohärenzgefühl (SOC) ausschlaggebend dafür, welchen Platz eine Person auf diesem Kontinuum einnimmt bzw. in welche Richtung sie sich dabei bewegt (ebd., S. 33).

Antonovsky identifizierte drei zentrale Komponenten des Kohärenzgefühls:

- *Verstehbarkeit*
- *Handhabbarkeit*
- *Bedeutsamkeit.*

Die Komponente *Verstehbarkeit* beschreibt „das Ausmaß, in welchem man interne und externe Stimuli als kognitiv sinnhaft wahrnimmt, als geordnete, konsistente, strukturierte und klare Information und nicht als Rauschen" (ebd., S.34). Menschen mit einem hohen Ausmaß an Verstehbarkeit besitzen nach Antonovsky eine Art Grundvertrauen in sich und die Welt, die so für sie erklärbar, vorhersagbar und bewältigbar erscheint (ebd., S. 34 f).

Die zweite Komponente *Handhabbarkeit* bezieht sich dem Autor gemäß „auf das Ausmaß, in dem man wahrnimmt, daß man geeignete Ressourcen zur Verfügung hat, um den Anforderungen zu begegnen, die von Stimuli, mit denen man konfrontiert wird, ausgehen" (ebd., S. 35).

Die dritte Komponente *Bedeutsamkeit* umfasst „das Ausmaß, in dem man das Leben emotional als sinnvoll empfindet: daß wenigstens einige der vom Leben gestellten Probleme und Anforderungen es wert sind, daß man in sie investiert… " (ebd., S. 35 f). Antonovsky (1987/1997) beschreibt, dass ein hohes Maß dieser Komponente dazu führt, dass Anforderungen eher als Herausforderung betrachtet werden, ohne jedoch die belastenden Momente bestimmter Erfahrungen zu negieren (ebd. S. 36).

Die drei Komponenten sind nach Antonovsky jedoch nicht unabhängig voneinander, sondern stehen in Beziehung. So ist beispielsweise die Komponente *Verstehbarkeit* Voraussetzung für das Gefühl, die Dinge bewältigen zu können, fehlt jedoch die Motivation durch die Komponente der *Bedeutsamkeit*, ist die Wahrscheinlichkeit gering, dass die Person dies auch tut. Die Bewältigungsbemühungen einer Person und deren Erfolg hängen somit vom gesamten SOC ab (ebd., S. 36 ff). Antonovsky betont, dass es sich beim SOC nicht um einen spezifischen Bewältigungsstil handelt, sondern, dass „die Person mit einem starken SOC … die bestimmte Coping-Strategie [auswählt], die am geeignetsten scheint, mit dem Stressor umzugehen, dem sie sich gegenüber sieht" (ebd., S. 130).

Antonovsky geht davon aus, dass die Grundlage des Kohärenzgefühls zum Ende der dritten Lebensdekade weitestgehend ausgebildet und gefestigt ist (ebd., S. 114). Diese Grundlage bestimmt somit die Art neuer Erfahrungen, die wiederum Rückwirkungen auf das Ausmaß des SOC haben. Personen mit einem starken SOC können seinen Annahmen nach dies im besten Fall aufrechterhalten. Eine Steigerung ist nur in Ausnahmefällen, z.B. durch einschneidende Lebensveränderungen wie eine Heirat oder Emigration möglich. Personen mit einem schwachen SOC als Ausgangsbasis unterliegen der Gefahr, dass dieses über die Zeit weiter geschwächt wird (ebd., S. 116 f). Die Erfahrungen, die die Ausbildung des Kohärenzgefühls bestimmen, sind dem Autor gemäß durch das Ausmaß an Konsistenz, Partizipation an der Gestaltung des Handlungsergebnisses und einer Balance zwischen Überbelastung und Unterforderung geprägt (ebd., S.42). Konsistente Erfahrungen sind die Voraussetzung für die Verstehbarkeitskomponente, eine gute Belastungsbalance schafft die Basis für die Handhabbarkeitskomponente und Partizipation ermöglicht die Entwicklung der Bedeutsamkeitskomponente (ebd., S.93). Antonovsky bezeichnet daher alle Aspekte, die zur Schaffung solcher Erfahrungen beitragen als *generalisierte Widerstandsressourcen*[13]. Als Stressoren bezeichnet er Merkmale, die diese Erfahrungen gefährden (ebd., S. 43 f).

Die Relevanz von Antonovskys Salutogenesemodell für das Verständnis der Bewältigungsstrategien jugendlicher Flüchtlinge besteht meines Erachtens in zweierlei Punkten. Erstens betont es die Ausbildung des Kohärenzgefühls u.a. in der Adoleszenz, sowie die Möglichkeit der Modifikation durch die Migration als einschneidende Lebensveränderung. Zweitens stellt es heraus, dass die ursächlichen Faktoren zur Entwicklung des SOC von intrafamiliären und sozialen sowie gesellschaftlichen und historischen Erfahrung determiniert werden (ebd., 92).

---

[13] In seinem Salutogenese Modell führt Antonovsky (1987/1997) insgesamt zehn Beispiele für generalisierte Widerstandsressourcen auf: 1. finanzielle/materielle Möglichkeiten, 2. Intelligenz/Wissen, 3. rationale, flexible, weitsichtige Bewältigungsstrategien, 5. soziale Unterstützung/Bindungen, 6. Zugehörigkeit, 7. kulturelle Stabilität, 8. Magie, 9. Religion/Philosophie, 10. präventive Gesundheitsorientierung (ebd., S. 200).

Die AutorInnen Bay, Beek, Teske & Szagun (2009) konnten in diesem Zusammenhang innerhalb einer Untersuchung des Kohärenzgefühls von Asylsuchenden in Deutschland zeigen, dass das SOC der Teilnehmer unter dem in Deutschland zu erwartendem Mittelwert liegt und sehen die Ursachen dafür in den hohen Belastungen und Problemlagen der Asylsuchenden (ebd., S. 13). Zudem fanden sie einen positiven Zusammenhang zwischen dem Ausmaß des SOC und dem Bildungsniveau bzw. der Arbeitssituation, wobei die Befragten, die mit einer Arbeitserlaubnis auf dem freien Arbeitsmarkt tätig waren, die höchsten SOC-Mittelwerte aufwiesen (ebd., S. 11 f). Die AutorInnen leiten daraus die Frage ab, „ob das Kohärenzgefühl und der Gesundheitszustand von Asylsuchenden durch eine gezielte Förderung in den Bereichen Bildung und Arbeit gestärkt werden können" (ebd., S. 15).

Antonovskys Modell weist eine hohe Ähnlichkeit zu dem *Resilienz-Konzept* auf. Resilienz wird nach von Hagen und Röper (2007) definiert als „Phänomen, dass manche Personen trotz vielfältiger Risikofaktoren bzw. anhaltender extremer Stressbedingungen keine psychischen Störungen entwickeln bzw. in der Lage sind, sich vergleichsweise schnell von traumatischen Erfahrungen … zu erholen" (ebd., S. 15). Innerhalb der letzen Jahre hat dieses Konzept in der Psychologie zunehmend an Bedeutung gewonnen und zu einem Perspektivenwechsel in der Betrachtung von Gesundheits- und Krankheitsentwicklung geführt (ebd.). Der Begriff „Resilienz" ist nach den PsychologInnen K. E. Grossmann und K. Grossmann (2007) somit zu einem „Modewort" geworden (ebd., S. 34). Die AutorInnen kritisieren, dass die Übersetzung des Begriffs mit *Elastizität* zu der Vorstellung führe, es handle sich um eine Eigenschaft, die die Wirkung äußerer Belastungen auf die Person vollständig verhindern würde (ebd., S. 29 ff). In diesem Zusammenhang warnen auch Fischer und Riedesser (2003) vor einer Bagatellisierung belastender Umstände und Ereignisse und der „Gefahr der Mythenbildung von einer traumaresistenten ‚unverwundbaren Persönlichkeit'" (ebd., S. 151). Grossmann und Grossmann (2007) gehen davon aus, dass jede problematische Situation zu einer Veränderung innerlicher Strukturen und Repräsentationen führt und diese im Sinne von Adaptations- und Wachstumsprozessen auch nötig sei (ebd., S. 30 f). So ist die Zerstörung der Gesamtstruktur der zentrale Aspekt in der Definition von „Trauma" (vgl. Abschnitt „.2.2). Meines Erachtens dürfen die Ergebnisse der Resilienzforschung nicht einseitig betrachtet werden, dennoch ist die Untersuchung von protektiven und gesundheitsfördernden Faktoren von hoher Bedeutung bei der Suche nach und der Erforschung von (funktionalen) Bewältigungsstrategien. ⌐Adam (1999) beschreibt in diesem Zusammenhang, dass trotz der schwierigen Lebenssituation jugendlicher Flüchtlinge, diese ihre Situation häufig gut bewältigen und als Chance für ihre weitere Entwicklung nutzen können (ebd., S. 329). Dies bezeichnet er als funktionale Bewältigung und meint damit: „das Ergebnis einer ‚Justierung' der individuellen – eventuell durch frühere traumatisierende Erlebnisse eingeschränkten – Handlungsmöglichkeiten und der Gefühle, an die jeweiligen Erfordernisse der Innen- und Außenwelt" (ebd., S. 329).⌐ Petzold, Wolf und Josic (2001) argumentieren, dass der Mensch grundsätzlich Potentiale und Fähigkeiten zur Bewältigung schwerer Belastungen besitzt und schreiben: „Der Mensch ist von seiner im Verlauf ausgebildeten Psychobiologie her ein ‚Traumaüberwinder' … Böses kann innerlich zurückgelassen und Gutes kann in den Vordergrund gestellt werden" (ebd., S. 340 f).

Die oben genannten Modelle geben einen Überblick über die theoretischen Grundlagen von Bewältigungsstrategien. Insgesamt muss jedoch kritisch angemerkt werden, dass gesellschaftliche und soziokulturelle Faktoren im Bewältigungsprozess weitestgehend unberücksichtigt bleiben. Diese Tendenz der westlichen Psychologie und Psychiatrie bezeichnet Zaumseil (2006) als „Individuumszentrierung" (ebd., S. 39). Becker (1992) fordert in diesem Zusammenhang eine „Entprivatisierung des individuellen Leidens" (ebd., S. 228). Die Anerkennung und Benennung gesellschaftlicher Wirklichkeiten, die Übernahme von Schuld und Verantwortung sowie kollektive Trauerprozesse sind dem Autor nach im Verarbeitungs- und Bewältigungsprozess von zentraler Bedeutung (ebd., S. 228 ff).

2.4.2 Bewältigungsformen im Kontext von Flucht – Ergebnisse der Flüchtlingsforschung

Die Studie von J. H. Goodman (2004) zur Untersuchung von Bewältigungsstrategien unbegleiteter minderjähriger Flüchtlinge aus dem Sudan hebt die Wichtigkeit eines Verständnisses kultureller Aspekte in Bezug auf Traumatisierung, Symptomatik und Bewältigung sowie einer ressourcenorientierten Betrachtung hervor. Anhand der qualitativen Auswertung biografischer Interviews mit 14 männlichen Jugendlichen konnten vier Bewältigungsstrategien herausgearbeitet werden: Kollektivität und kollektives Selbst, Verdrängung und Ablenkung, Sinnfindung sowie die Entwicklung von Hoffnung (vgl. ebd.). Gegenseitige Unterstützung und das Gefühl, dass das, was passiert, einen nicht allein betrifft sowie ein übergeordnetes Zugehörigkeits- und Verantwortungsempfinden im Sinne eines kollektivistisch geprägten Selbst, war ein oft genanntes Thema der Interviews (ebd., S. 1183 f). Verdrängung von Gedanken und Erinnerungen an erfahrene Traumatisierungen sowie an die in der Heimat Zurückgebliebenen wurde von den Jugendlichen als wesentliche Voraussetzung zum Weitermachen genannt, wobei ablenkende Tätigkeiten die Jugendlichen vor Gefühlen der Hilflosigkeit schützten (ebd., S. 1184 ff). Der Versuch einer Sinnfindung in den gemachten Erfahrungen, u.a. durch den Glauben an Gott, sowie die Entwicklung von Hoffnung durch die Eröffnung neuer Möglichkeiten, stellten weitere zentrale Aspekte im Bewältigungsprozess der Untersuchungsteilnehmer dar (ebd., S. 1187 ff).

Halcón et al.[14] (2004) fanden in ihrer Untersuchung zum Thema *Trauma und Bewältigung jugendlicher Flüchtlinge* geschlechtsspezifische Unterschiede im Umgang mit Gefühlen der Traurigkeit. Die befragten Mädchen neigten eher zu beziehungsorientierten Lösungen, wie Gespräche mit FreundInnen; die männlichen Teilnehmer

---

[14] Robertson, Savik, Johnson, Spring, Butcher, Westermeyer & Jaranson

der Studie wählten häufiger aktivitätsbezogene Lösungen, wie Bewegung und Sport. Insgesamt wurde am häufigsten *Beten* (55%) als Bewältigungsstrategie genannt (ebd., S. 22).

Adam (2007) betont, dass bei der Bewältigung der Belastungen jugendlicher Flüchtlinge die Verarbeitung von Schuld und Hass und besonders die Bereitschaft zur Versöhnung mit Gegnern, Familienmitgliedern, aber auch mit sich selbst eine wichtige Rolle spielen (ebd., S. 159). Verzeihen und Versöhnung sind Adam zufolge nicht nur Ziel, sondern auch ein Prozess um Belastungen zu überwinden. Bemühungen zur Kommunikation, die Suche nach konstruktiven Konfliktlösungen, die Entwicklung neuer Einstellungen sowie die Rekonstruktion von Vertrauen sind seiner Ansicht nach dabei zentrale Elemente (ebd., S. 162 ff).

Schriefers (2007) stellte in ihrer qualitativen Untersuchung von Flüchtlingsbiografien zum Thema *Trauma und Bewältigung* als wesentliches Ergebnis einen Verlust von Ressourcen fest (ebd., S. 197). Ökonomische Ressourcen sind der Autorin zufolge stark eingeschränkt und führen u.a. zu sozialer Ausgrenzung. Das kulturelle Kapital ist nur noch begrenzt einsetzbar und dient im Wesentlichen über Wissensbestände und Erfahrungen als Grundlage für die Auseinandersetzung mit den Geschehnissen. Als wichtigste Ressource im Bewältigungsprozess beschreibt Schriefers die sozialen Ressourcen, d.h. Freunde, Familie und politisches Netzwerk. Sie bieten Unterstützung und Stabilisierung und können zudem als sinnstiftend erlebt werden (ebd., S. 197 ff).

Legendenbildung als Bewältigungsstrategie

Ein Phänomen, welches bei jugendlichen Flüchtlingen auftreten kann, ist die Konstruktion einer Legende (Adam, 1999, S. 325) bzw. Doppelidentität (Kampelmann, 2005, S. 216). Ein Verständnis über Ursache und Funktion dieses Phänomens ist für die vorliegende Arbeit von zentraler Bedeutung und soll deshalb im Folgenden näher erläutert werden.

Nach dem Sozialpädagogen S. Kampelmann (2005) konstruieren einige Jugendliche biografische Daten, die nicht mit der Realität übereinstimmen, aus Angst ihre eigene Geschichte würde keine Anerkennung finden. Dies kann sich u.a. auf falsche Angaben in Hinblick auf Alter, Herkunftsland, Reiseweg, Familienhintergründe sowie Fluchtursachen beziehen (ebd., S. 216). Adam (1999) weist darauf hin, dass diese Legenden häufig von Schlepperorganisationen vorgefertigt übernommen werden. Das primäre Ziel besteht darin, eine mit der Asylpolitik kompatible Identität zu schaffen und so den Aufenthalt in Deutschland zu sichern.

Wie in Abschnitt 2.1.2 erläutert, ist die Voraussetzung einer Anerkennung als Flüchtling im Asylverfahren das Vorliegen einer politischen Verfolgung (Parusel, 2009, S. 37) d.h. einer Opferbiografie. Nach Adam (1999) kann die Annahme einer Legende zudem aber auch dem seelischen Schutz dienen, da belastende Erfahrungen dem Autor nach so leichter verdrängt werden können (ebd., S. 328 f). Die Jugendlichen müssen sich im Sinne unbewusster Abwehrmechanismen nicht mit Konflikten der eigenen Geschichte auseinandersetzen. Der Lösungsversuch dieser Konflikte besteht Adam zufolge in einer Affektabspaltung (ebd., S. 325 f). Der Arzt S. Graessner (2002) schreibt in diesem Zusammenhang: „Die Wahl einer Opferbiographie korrespondiert mit Phantasien eines Neubeginns, eines neuen Lebens mit neuer Identität, denn das ‚unschuldige' Opfer ist schuldfrei, kann wie ein Kind seine künftige Erfahrungswelt neu und ohne Schuldbelastungen erobern" (ebd., S. 5).

Diese „Idee" wird zudem von gesellschaftlichen Erwartungen bezüglich der Eigenschaften von Opfern geprägt bzw. bestätigt. Diese werden von Becker (2006) beschrieben:

> Im Grunde erwartet man von Opfern, …, dass sie nett sind. Man ist bereit mit ihnen zu trauern, das erlittene Unrecht anzuerkennen etc. Aber es fällt uns schwer, zu akzeptieren, dass

Opfer durchaus unangenehme Personen sein können. … Das Opfer soll gut und rein sein, …und kohärent, klar und möglichst emotional über seine Leidenserfahrungen berichte[n] (ebd., S. 161).

Die Konstruktion einer Legende hat folglich zum einen die Funktion (asyl-) politischen und gesellschaftlichen Erwartungen zu entsprechen und stellt zum anderen den Versuch dar, innerpsychische Konflikte zu bewältigen. Meines Erachtens ist es daher insbesondere im Fall der Konstruktion einer Opferbiografie wichtig zu beachten, die betroffenen Jugendlichen nicht vorschnell zu verurteilen. Auch die Sozialwissenschaftlerin G. Rosenthal (2002) schreibt:

Bei der Analyse von Lebenserzählungen gilt es vielmehr, gezielt der Frage nach der Differenz zwischen erlebter und erzählter Lebensgeschichte nachzugehen und nach deren Bedeutung und Funktion zu fragen. Dabei ist es hilfreich, die erzählte Lebensgeschichte als soziale Realität zu verstehen und sie nicht vorschnell als Fiktion abzutun … Alle Reinterpretationen bis hin zur erfundenen Geschichte haben ihren Realitätsgehalt in dem Sinne, dass sie einerseits konstitutiv für die gegenwärtige Wirklichkeit sind und dass sie andererseits Spuren der geleugneten Wirklichkeit bzw. Vergangenheit enthalten (ebd., S. 19).

Die Annahme einer Legende als Bewältigungsversuch der verschiedenen Belastungen birgt jedoch auch Risiken. Nach Kampelmann (2005) entstehen durch die Aufrechterhaltung der Doppelidentität erhebliche Gefahren für die (Identitäts-) Entwicklung der Jugendlichen. Beziehungen und „echte" Interaktionen können nur schwer entstehen, da von der wahren Identität nur wenig preisgegeben werden kann. Die Identität des Selbst erhält aus der Umwelt keine Rückmeldungen mehr, die jedoch für dessen Weiterentwicklung wesentlich sind. Der sich daraus ergebende psychische Druck kann sich dem Autor gemäß in erhöhter Reizbarkeit, Aggressionen oder Isolation, aber auch in psychosomatischen Schmerzen bis hin zu psychopathologischen Auffälligkeiten, wie Depressionen oder Formen des schizophrenen Erlebens äußern (ebd., S. 216 f). Auch Adam (1999) weist darauf hin, dass durch die Annahme einer Legende sogenannte „confused memories" entstehen und demzufolge zu einer „confused future" führen (ebd., S. 329). Die Jugendlichen können dann keine Hoffnung mehr für die Zukunft entwickeln, was dem Autor zufolge neben der Entwicklung von psychischen und psychosomatischen Auffälligkeiten auch das Risiko für kriminelle Verhaltensweisen erhöht (ebd., S. 329).

Insgesamt verdeutlicht das eben genannte Beispiel meines Erachtens die Wichtigkeit einer differenzierten Betrachtung von Bewältigungsstrategien und deren Beurteilung unter Berücksichtigung von individuellen Stärken und äußeren Bedingungen. Die von den Jugendlichen gewählten Strategien stellen einen Versuch dar mit den zum Teil erschwerten Bedingungen umzugehen. Diese Bemühungen sind meiner Ansicht nach zunächst ohne Bewertung anzuerkennen. Aus der darauf folgenden Betrachtung der Funktionalität innerhalb des spezifischen Kontextes ergeben sich die individuellen Bedarfe an Hilfe und Unterstützung

3. Methoden

3.1 Subjektivität und Reflexion in der qualitativen Forschung

Für die Umsetzung meines Vorhabens – eine Forschung über das Erleben und die Bewältigungsformen jugendlicher Flüchtlinge durchzuführen – sind insbesondere die Erkenntnismethoden der *qualitativen Forschung* (Flick, von Kardorff & Steinke, 2010) von Bedeutung, da sie „die Sichtweisen der beteiligten Subjekte, die subjektiven und sozialen Konstruktionen ihrer Welt berücksichtigen" (ebd., S. 17). Der Sozialforscher U. Flick (2010) kritisiert, dass speziell die psychologische Forschung durch eine fehlende Alltagsrelevanz geprägt ist, und fordert daher eine genauere Beschreibungen von Sachverhalten in konkreten Kontexten, die Untersuchung von subjektiven Bedeutungen sowie des alltäglichen Erlebens und Handelns (ebd., S. 23). Nach Flick et al. (2010) hat qualitative Forschung „den Anspruch, Lebenswelten ‚von innen heraus' aus der Sicht der handelnden Menschen zu beschreiben ... [und somit] zu einem besseren Verständnis sozialer Wirklichkeit(en) bei[zu]tragen" (ebd., S. 14).

Im Sinne eines *interpretativen Paradigmas* nach dem Soziologen T. P. Wilson (1973) ist jede soziale Interaktion selbst als ein interpretativer Prozess aufzufassen (ebd., S. 54), wodurch er die Bedeutung von subjektiven Wahrnehmungs- und Bewertungsprozessen der Handelnden betont. Interaktionsprozesse werden als soziale Handlungen beschrieben, die von den beteiligten Handelnden wahrgenommen, wechselseitig interpretiert und gegebenenfalls revidiert werden. So dürfen nach Wilson soziale Handlungen nicht losgelöst von ihrem Kontext betrachtet werden (ebd., S. 61):

> Nach dem interpretativen Paradigma können daher, im Unterschied zum normativen Paradigma[15], Situationsdefinitionen und Handlungen nicht als ein für allemal, explizit oder implizit, getroffen und festgelegt angesehen werden, … Vielmehr müssen … [sie] angesehen werden als Interpretationen, die von den an der Interaktion Beteiligten … getroffen werden (ebd.).

Die Forscherin wird dadurch ebenfalls zur Interpretin, deren Methoden „die Last der Übertragung von Signifikanz und Bedeutung auf die Daten mit sich tragen" (ebd., S. 70).

Forschung kann demnach als interaktiver Prozess betrachtet werden, innerhalb dessen es zu wechselseitigen Reaktionen zwischen Feld und WissenschaftlerIn kommt. Diese Interaktionen sind nach Flick (2010) jedoch nicht als Störvariablen zu betrachten, vielmehr stellt die Subjektivität aller Beteiligten einen wesentlichen Bestandteil des Forschungsprozesses dar. Daher trägt die Forscherin eine besondere Form der Verantwortung, die Reflexion über ihre Handlungen und Beobachtungen hinsichtlich der Nachvollziehbarkeit zu dokumentieren (ebd., S. 29).

Die aufgeführten Überlegungen im Sinne der qualitativen Forschung stellen die Grundlage für die Auswahl und Anwendung, der von mir

---

[15] Das *normative Paradigma* nimmt sich laut Wilson (1973) das deduktive Erklärungsmodell der Naturwissenschaften zum Vorbild (ebd., S. 54). Es besteht die Annahme, „dass sich Interaktionen in einem von den beteiligten Handelnden geteiltes System von Symbolen und Bedeutung vollzieht … [und] eine feste Verbindung besteht zwischen der Situation eines Handelnden und seinem Handeln in dieser Situation" (ebd., S. 56).

verwendeten Forschungsmethoden dar. Dabei ist der Aspekt der Offenheit für die spezifische Dynamik des Forschungsgegenstandes für mich von besonderer Bedeutung. Dies betonen auch Flick et al. (2010) indem sie die qualitative Forschung als eine im Grundsatz „entdeckende Wissenschaft" (ebd., S. 24) bezeichnen, wobei als wesentliches Erkenntnisprinzip „eher das Verstehen ... von komplexen Zusammenhängen als die Erklärung durch die Isolierung einer einzelnen (z.B. Ursache-Wirkungs-) Beziehung" (ebd., S. 23) gilt und vom Prinzip der Offenheit geprägten Datenerhebung (ebd.) gekennzeichnet ist.

3.2 Verwendete Methoden

Es gibt eine Vielzahl an qualitativen Forschungsmethoden. Flick et al. (2010) betonen, „dass ... es *die* Methode nicht gibt, sondern ein methodisches Spektrum unterschiedlicher Ansätze" (ebd., S. 22). Die methodischen Umsetzungen müssen nach Volmerg (1988) „den Spielraum des Forschungshandelns so flexibel wie möglich ... halten ... [und] haben ... sich an die Beschaffenheit der sozialen Realität anzupassen" (ebd., S. 131).

In meiner Forschung habe ich mit offenen Gesprächen und Interviews sowie Forschungstagebuchaufzeichnungen gearbeitet. Die so erhobenen Daten sollen mithilfe der *qualitativen Inhaltsanalyse* untersucht und anhand der herausgearbeiteten inhaltlichen Schwerpunkte beschrieben und verglichen werden. In Anlehnung an die aufgeführten Kriterien qualitativer Forschung sollen diese Ergebnisse zusätzlich durch Beschreibungen des Kontextes sowie subjektive Reflexionen des Forschungsprozesses ergänzt werden. Dieses Vorhaben lässt sich sehr gut mit den *Forschungsmethoden der Ethnopsychoanalyse* vereinbaren, daher sollen im Folgenden, die für das Forschungsvorhaben relevanten Elemente kurz dargestellt werden.

Forschungsmethoden der Ethnopsychoanalyse

Die Ethnopsychoanalyse begründet sich aus der Verbindung der beiden wissenschaftlichen Disziplinen: Ethnologie und Psychoanalyse[16]. Nach den EthnopsychoanalytikerInnen M. Nadig und J. Reichmayr (2010) soll mithilfe der Methoden der Psychoanalyse „das Ineinandergreifen individueller und gesellschaftlicher Kräfte" (ebd., S.75) aufgezeigt werden und somit ein „Beitrag zum Verhältnis von Psychoanalyse und Sozialwissenschaften geleistet werden" (ebd.).

Den WissenschaftlerInnen zufolge trägt die Ethnopsychoanalyse über wechselhafte Erfahrungen und Reflexionen mit der fremden sowie der eigenen Kultur und Gesellschaft zu einer verschärften Wahrnehmung der vorherrschenden gesellschaftlichen Verhältnisse und somit zu einem besseren Verständnis dieser bei. Dabei kommt der „Reflexion der eigenen Rolle als Forscher" (ebd., S. 75) und der Beschreibung der eigenen Geschichte und des Herkunftsmilieus in Interaktion mit der ihm fremden Umgebung eine besonders wichtige Bedeutung zu (ebd., S. 75 ff). Der Psychoanalytiker G. Devereux (1967/1973) analysiert diese Forschungsinteraktion im Hinblick auf die psychoanalytischen Konzepte der *Übertragung*[17] und *Gegenübertragung*[18], wobei seiner

---

[16] Paul Parin, Goldy Parin-Matthèy und Fritz Morgenthal haben in den 50er und 60er Jahren auf ihren Forschungsreisen in Westafrika erstmalig die Methoden der Psychoanalyse auf Untersuchungsgebiete der Ethnologie angewandt und gelten daher als Begründer der Ethnopsychoanalyse (Nadig/Reichmayr, 2010, S. 72).

[17] Devereux (1967/1973) definiert *Übertragung* als eine „Lernübertragung im Sinne einer Lerntheorie" (ebd., S. 64), wodurch es zu Verzerrungen der Realität kommt. In einem therapeutischen Rahmen neigt „der Analysand, der gegenüber einer emotional signifikanten Person charakteristische Reaktionen entwickelt hat … dazu, auf den Analytiker … zu reagieren, *als ob* dieser die Person sei…" (ebd.).

[18] *Gegenübertragung* wird definiert durch „die Summe aller Verzerrungen, die im Wahrnehmungsbild des Psychoanalytikers von seinem Patienten und in seiner Reaktion auf ihn auftreten" (ebd., S. 64).

Meinung nach den Prozessen der Gegenübertragung in den Verhaltenswissenschaften eine besondere Bedeutung zukommt (ebd., S. 17). Devereux (1973) geht davon aus, dass diese emotionalen Reaktionen der Gegenübertragung bei der Forscherin zu Verzerrungen führen. Erzeugten die erhobenen Daten beispielsweise Ängste, komme es zu entsprechenden Abwehrreaktionen (ebd., S. 64 ff). Diese Reaktionen schützten die Forscherin, eine Auseinandersetzung mit diesen Prozessen in Form einer Selbstreflexion führe nach Devereux jedoch zu einem erhöhten Erkenntnisgewinn (ebd., S. 124 ff).

Auch Nadig (2006) spricht sich für eine sorgfältige Reflexion und Analyse der Entstehungsgeschichte der erhobenen Daten aus, besonders wenn es sich dabei um den Gegenstand der Migrationsforschung handelt. Laut Nadig ist Migration:

> ein äußerst komplexer und dynamischer Gegenstand, der besondere methodische und theoretische Anforderungen an die Forscher stellt ... Um die Bedingungen der Migration zu verstehen, reicht es nicht Daten statistisch zu bearbeiten. Ein Erfassen der komplexen Dynamik ist nur denkbar, wenn die jeweils konkreten Verhältnisse und Kontexte von migratorischen Problemen in die Interpretation der Daten mit einbezogen werden (ebd. S. 68).

Nadig und Reichmayr (2010) fassen die wesentlichen Elemente der Methoden der Ethnopsychoanalyse folgendermaßen zusammen:

> Verkürzt ausgedrückt geht es um folgende Schlagworte: Verzicht auf den Objektivitätsanspruch, auf vorschnelle Verallgemeinerungen und Kategorisierungen; Dynamisierung des fundamentalistischen Kultur- und Ethnizitätsbegriffs und des essenzialistischen Sex- und Genderbegriffs; Kritik am dualistischen Denken, das die Welt in binäre Oppositionen einteilt; Akzeptanz der Standortgebundenheit jeder wissenschaftlichen Aussage; Aufwertung des qualitativen Forschens und des methodischen Prinzips der dialogischen Praxis ... (ebd., S. 82).

Für die methodische Umsetzung bedeutet dies, die Einhaltung folgender Leitlinien: „

- vorwiegend qualitatives Arbeiten, bei dem die Darstellung von Fallgeschichten und das ‚Geschichtenerzählen' eine wichtige Rolle spielen.

- Transparenz der Forschungsbeziehung durch die Reflexion von Übertragung – Gegenübertragung und der Standortgebundenheit der Beziehung.

- Deuten der situationsspezifischen, subjektiven oder emotionalen Materialien, d.h. Kontextualisierung und Spezifizierung anstatt Kategorisierung.

- Beachten von Sequenzen, d.h. Prozesshaftigkeit der Forschung bzw. Forschungsbeziehung" (ebd., S. 83).

Da die aufgeführten Forderungen und Kriterien der Ethnopsychoanalyse meiner Ansicht nach einen wichtigen Beitrag zur Schaffung von Transparenz und Nachvollziehbarkeit leisten und in diesem Sinne zu neuen Erkenntnissen führen können, werde ich Konzeption, Auswertung und Darstellung meines Forschungsvorhabens an eben diesen Erkenntnissen ausrichten.

Qualitative Inhaltsanalyse

Im Folgenden soll die Methode der *qualitativen Inhaltsanalyse* nach Phillip Mayring (2010) in ihren für die vorliegende Studie relevanten Aspekten vorgestellt werden.

Bei der Inhaltsanalyse handelt es ich um eine Methode, deren Ziel die systematische Bearbeitung und Analyse von fixiertem Kommunikationsmaterial darstellt (ebd., S. 468 f). Im Mittelpunkt steht ein entwi-

ckeltes Kategoriensystem, welches die herauszuarbeitenden Aspekte
bestimmt (Mayring, 2002, S. 114).

Dieses Auswertungsverfahren ist nach Mayring (2010) von mehreren
Grundsätzen bestimmt: Das zu analysierende Material soll in seinem
Kontext begriffen und nach einer vorgegebenen Systematik analysiert
werden. Zudem besteht der Anspruch, dass mehrere Inhaltsanalytiker-
Innen bei der Auswertung desselben Materials zu ähnlichen Ergebnissen kommen, d.h. es sollte eine hinreichend hohe Interkoderreliabilität
bestehen (ebd., S. 471).

Im konkreten Vorgehen unterscheidet Mayring (2002) verschiedene
Techniken, die je nach Zielsetzung: *Zusammenfassung*, *Explikation*
oder *Strukturierung*, zur Anwendung kommen (ebd., S. 115). Für die
vorliegende Arbeit ist die Technik der *inhaltsanalytischen Zusammenfassung* mit einer *induktiven Kategorienbildung* (ebd.) im Sinne einer
offen gewählten Forschungsstrategie relevant. Die Kategorien werden
demzufolge nicht theoretisch sondern aus dem Material abgeleitet. Die
dazugehörigen Schritte sollen im Folgenden näher erläutert werden
(siehe Abb. 3).

Ausgangspunkt ist eine aus der Studie abgeleitete Kategoriendefiniti-
on, die bestimmt, welche Aspekte des Materials herausgefiltert werden sollen. Das Material wird gemäß der vorangegangenen Festlegung
analysiert. Entspricht eine Textstelle dieser Definition, wird daraus
eine erste Kategorie konstruiert. Folgende passende Textstellen werden daraufhin überprüft, ob diese einer schon entwickelten Kategorie
zuzuordnen (Subsumtion) oder eine neue Kategorie zu formulieren ist.

Nach einem Teil des Materialdurchgangs findet eine Überprüfung und
gegebenenfalls eine Revision des Kategoriensystems statt (ebd., S.
115 ff). Nach erfolgtem Materialdurchgang liegt als Ergebnis „ein Set
von Kategorien zu einer bestimmten Thematik [vor], dem spezifische
Textstellen zugeordnet sind" (ebd., S. 117). Dieses Ergebnis kann
selbst Gegenstand der Interpretation in Bezug auf die Fragestellung
und die dazugehörigen Theorien sein oder auch nach quantitativen

Aspekten (welche Kategorien wurden am häufigsten kodiert?) ausgewertet werden (ebd.).

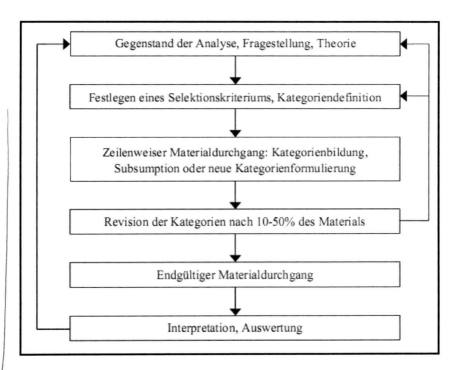

Abbildung 3: Ablaufmodell induktiver Kategorienbildung (Mayring,
2002, S. 116).

3.3 Interviewplanung und Durchführung

In der qualitativen Forschung stehen zur Datenerhebung nach der Sozialwissenschaftlerin C. Hopf (2010) eine Vielzahl unterschiedlicher

Verfahren qualitativer Interviews zur Verfügung (ebd., S. 351). Ziel der vorliegenden Arbeit ist zu explorieren, wie jugendliche Flüchtlinge einschneidende Lebensveränderungen im Kontext von Migration und Trauma erleben und welche Bewältigungsformen und Ressourcen dabei von Bedeutung sind.

In Anlehnung an den Soziologen P. Bourdieu et al. (1993/2005) soll den Gesprächspartnern dabei die Möglichkeit gegeben werden „Zeugnis abzulegen, sich Gehör zu verschaffen, um ihre Erfahrungen von der privaten in die öffentliche Sphäre zu tragen; und auch eine Gelegenheit *sich zu erklären*, …, also ihre eigene Sichtweise von sich und der Welt zu konstruieren…" (ebd., S. 400 ff).

Im Rahmen biografischer Forschung findet vor allem das *narrative Interview* Verwendung (Flick, 2010, S. 228). Kern dieser Interviewtechnik ist nach Mayring (2002), dem Befragten die Möglichkeit zu geben, frei und ohne Vorgabe standardisierter Fragen zu einem bestimmten Thema erzählen zu können. Ziel ist die Erfassung von „subjektiven Bedeutungsstrukturen, die sich im freien Erzählen über bestimmte Ereignisse herausschälen, sich in einem systematischen Abfragen aber verschließen würden" (ebd., S. 72). Das Interview folgt dabei einer strengen Unterteilung in Erzähl- und Nachfrageteil (ebd., S. 74). Im Teil der Erzählungen spielen nach Flick (2010) sogenannte *Zugzwänge des Erzählen* (ebd., S. 231) eine wesentliche Rolle. Diese führen dazu, dass auch „heikle" Themen in ausführlicher Form zur Sprache kommen, die in anderen Gesprächssituationen eher verschwiegen werden (vgl. ebd.).

Im Hinblick auf mein Forschungsvorhaben ergibt sich aus der Methode des narrativen Interviews der Vorteil, dass sie Freiräume zur eigenen Gestaltung schafft, d.h. die Jugendlichen können diejenigen Aspekte auswählen, die ihnen wichtig erscheinen. Darüber hinaus können, durch die Erfassung von *subjektiven Bedeutungsstrukturen,* für die Fragestellung wichtige Inhalte erkannt werden, die vermutlich auf direkte Nachfragen nicht benannt werden können. Aus der strengen Unterteilung in Haupterzählung und Nachfrageteil ergibt sich jedoch eine *künstliche* Kommunikationssituation, was nach Flick (2010) zu

Irritationen bei allen Beteiligten führen kann. Auch kann dem Autor zufolge nicht davon ausgegangen werden, dass die Fähigkeit zum Erzählen bei allen Personen gleich gut ausgeprägt ist (ebd., S. 234 ff). Zudem scheint mir die Ausnutzung der erwähnten Zugzwänge des Erzählens in Anbetracht der vorliegenden Thematik aus forschungsethischen Gründen nicht angemessen Mir erscheint daher eine Verbindung zwischen narrativem und teilstandardisiertem Interview (vgl. Hopf, 2010, S. 353) als sinnvoll und notwendig, da Zwischenfragen die Erzählung anregen bzw. auf die für die Forschung relevanten Themenbereiche lenken können und gleichzeitig einer natürlichen Gesprächssituation möglichst nahe kommen. Diese Verbindung besteht nach Flick (2010) u.a. im *problemzentrierten Interview* nach Witzel (ebd., S. 210). Hier „werden anhand eines Leitfadens, der aus Fragen und Erzählanreizen besteht, insbesondere biografische Daten mit Hinblick auf ein bestimmtes Problem thematisiert" (ebd.). Als ein wesentliches Merkmal der Methode wird nach Mayring (2002) das Prinzip der Offenheit genannt, d.h. „der/die Interviewte soll frei antworten können … [um] ihre ganz subjektiven Perspektiven und Deutungen offen legen … [sowie] selbst Zusammenhänge, größere kognitive Strukturen im Interview entwickeln [zu können]" (ebd., S. 68). Die geforderte Zentrierung „auf eine bestimmte Problemstellung, die der Interviewer einführt, auf die er immer wieder zurückkommt" (ebd., S. 67) ist meines Erachtens jedoch, in Anbetracht der sensiblen Forschungsthematik der Arbeit, mit Vorsicht zu betrachten.

Während der Durchführung der Interviews war es mir wichtig, dass die Jugendlichen die Möglichkeit hatten ihre Beiträge frei und offen zu gestalten und somit auch die inhaltliche Gesprächsstruktur mitzubestimmen. Aus diesem Grund vermied ich im Forschungsprozess auch die Bezeichnung „Interview", da sie von den Jugendlichen mit der Anhörung beim Bundesamt im Zuge ihres Asylverfahrens in Verbindung gebracht wurde, die sie ebenfalls als Interview bezeichneten. Geeigneter erscheint daher der Begriff „Gespräch", was meinem Vorhaben einer natürlichen, alltagsähnlichen Kommunikationssituation entspricht und meines Erachtens zur Entstehung einer Vertrauensbeziehung wesentlich ist. Der erstellte Themenleitfaden diente mir daher als eine Art „Hintergrundfolie", deren inhaltliche Ausgestaltung sich jedoch individuell entwickelte.

Auch der zeitliche Umfang, die Anzahl der Treffen sowie die Intensität der Gespräche und der Forschungsbeziehung variierten zwischen den jeweiligen Jugendlichen. Es fanden mit allen Jugendlichen Vorgespräche über mein Vorhaben und Forschungsinteresse statt, in denen wir Gelegenheit hatten, uns kennenzulernen und ich erste Eindrücke gewinnen konnte (siehe hierzu Abschnitt 4). Der Verlauf und die Ausgestaltung werden in der Präsentation der Ergebnisse individuell dargestellt.

Inhaltliche Themenschwerpunkte der Gespräche waren:

Heimat
- Biografische Erfahrungen und Kontext
- Leben und Zukunftsvorstellungen im Herkunftsland
- Migrationsmotivation und –erwartungen

Gegenwart / Leben im Exil
- Einschätzung der Lebens- und Alltagsgestaltung; Erfahrungen
- Eindrücke und Kontakte in Deutschland und mit der deutschen Gesellschaft
- Kontakt zu Menschen aus der Herkunftsregion
- Erleben der Konstruktion „Flüchtling"
- Subjektive Probleme und Belastungen sowie Umgang mit ihnen und Bewältigungsversuche
- Unterstützungsmöglichkeiten und deren Bewertung sowie Wünsche und Bedürfnisse
- Bewertung und Integration der biografischen Erfahrungen

Zukunft
- Rückkehr- und Zukunfstvorstellungen

Ein weiterer Aspekt in der Planung und Durchführung der Gespräche war die Sprache, in der diese stattfinden sollten. In therapeutischen Prozessen mit fremdsprachigen Patienten ist der Einsatz von DolmetscherInnen von hoher Bedeutung. Neben der sprachlichen Kompetenz fungieren sie darüber hinaus auch als „Kulturvermittler" (vgl. Salman, 2001). Die Bedeutung der Sprache fasst der Psychoanalytiker J. Laplanche (2004) folgendermaßen zusammen: „Zur Ichidentität gehört unsere Sprache, die Muttersprache und ihre innerseelische Bedeutung als Organisatorin der Psyche, denn der Mensch ist ein Sprach- und Kommunikationswesen" (ebd.; zit. nach Kohte-Meyer, 2006, S. 87). Aus diesem Grund bot ich jedem Jugendlichen für die geplanten Gespräche an, eine(n) professionelle(n) DolmetscherIn hinzu zu bestellen.

Zwei der Gesprächspartner nahmen dieses Angebot an. Den Jugendlichen sowie auch mir war diese Art der Kommunikation nicht fremd, dennoch ergaben sich innerhalb des Forschungsprozesses durch den Einsatz der Dolmetscher verschiedene Problematiken, die u.a. unter dem Stichwort „Unzuverlässigkeit" zusammenzufassen sind. Zudem erschien mir der unmittelbare Kontakt ohne DolmetscherIn den Zugang, die Beziehungsaufnahme sowie die Vertrauensbildung zu erleichtern. So führte ich die weiteren Gespräche entweder auf Deutsch oder Englisch. In keinem Gespräch entsprach dies der Muttersprache der Jugendlichen. Trotz dieser Einschränkungen erschien mir dies in Absprache mit den Jugendlichen als sinnvollste Strategie.

3.4 Auswertung und Darstellung

Als Ausgangspunkt für die Auswertungen des Materials dienten mir die Transkripte der aufgezeichneten Gespräche sowie die Aufzeichnungen meines Forschungstagebuchs.

Nach Bourdieu et al. (1993/2005) stellt „auch die wörtlichste Verschriftlichung bereits eine wirkliche *Übersetzung* oder zumindest eine Interpretation" (ebd., S. 407) dar. So kann allein schon die Zeichensetzung den Sinn eines Satzes verändern. Darüber hinaus verbietet der Anspruch der Lesbarkeit eine phonetische Transkription, die all die Anmerkungen beinhalten würde, die bei der Niederschrift des Gesprochenen verloren gehen[19] (ebd.). Auch Mayring (2002) schlägt bei Daten, bei denen die inhaltliche-thematische Ebene im Vordergrund steht, die Übertragung in normales Schriftdeutsch vor (ebd., S. 91). Die Transkription der von mir erhobenen Daten erfolgte in Anlehnung an die aufgeführten Überlegungen. Die Texte wurden wörtlich transkribiert, d.h. es wurde nie ein Wort durch ein anderes ersetzt. Anmerkungen über nonverbale Äußerungen erfolgten nur, wenn sie von inhaltlicher Bedeutung waren. Aus Respekt der Gesprächspartner wurde in einigen Fällen eine Korrektur grober Satzbaufehler durchgeführt, sofern diese das Verständnis des Diskurses verhindern würden.

Die Auswertung des Materials erfolgte anhand der qualitativen Inhaltsanalyse nach Mayring. (Siehe Abschnitt 3.2). Aufgrund der geringen Anzahl der Untersuchungsteilnehmer werde ich in Folgendem den Begriff *Thema* anstelle von Kategorie verwenden, was mir passender erscheint. Diese Themen wurden innerhalb einer induktiven Herangehensweise aus dem Textmaterial entwickelt und können so anhand der aus der Fragestellung abgeleiteten Betrachtungsdimensionen „Erleben" und „Bewältigungsformen" beschrieben und interpretiert werden.

Die Präsentation der Ergebnisse erfolgt in Form von Einzelfalldarstellungen innerhalb derer drei männliche Jugendliche vorgestellt werden. Bei den dabei verwendeten Namen handelt es sich um Pseudonyme, die von den Jugendlichen selber ausgewählt wurden. Anhand der er-

---

[19]Darunter zählen: Stimme, Aussprache, Betonung, Sprachrhythmus, Mimik und Gestik sowie sämtliche körperliche Ausdrucksformen (Bourdieu et al, 1993/2005, S. 407).

mittelten relevanten Themen werden die inhaltlichen Aspekte der einzelnen Gespräche geordnet beschrieben und durch ausführliche Zitate belegt. Zusätzlich werden die individuellen Ergebnisdarstellungen durch Angaben zum biografischen Hintergrund sowie einer ausführlichen Darstellung und Reflexion des Forschungsprozesses ergänzt. Die subjektiven Deutungen und Reflexionen (vgl. Abschnitt 3.1) wurden u.a. anhand spontaner Assoziationen und Gegenübertragungsreaktionen innerhalb regelmäßiger Sitzungen der ethnopsychoanalytischen Deutungswerkstatt bei Frau Prof. Nadig erarbeitet. Dieser Prozess wurde von einer außeruniversitären Arbeitsgruppe zur supervisionären Begleitung des Forschungsprozesses begleitet und unterstützt.

In dem abschließendem Teil der Arbeit erfolgt eine vergleichende Zusammenfassung und Interpretation der dargestellten Ergebnisse. Diese werden ergänzt durch Zitate von zwei weiteren Jugendlichen, die aus Platzgründen sowie eines relativ kurzen Forschungskontaktes nicht als Einzelfälle dargestellt werden können (siehe Abschnitt 5).

Die gewählte Art der Ergebnisdarstellung zeigt einerseits die höchst individuellen Formen des Erlebens und der Bewältigung der einzelnen Jugendlichen, ermöglicht darüber hinaus jedoch auch die Betrachtung bedeutsamer Prozesse, die allen Gesprächspartnern gemeinsam sind.

3.5 Verständnis und Reflexion des Forschungsprozesses

Die Kulturwissenschaftlerin W. Aits (2008) betont, dass innerhalb „des Forschungsprozesses … Wirklichkeit konstruiert [wird]… Forschung und ihre Ergebnisse [können] nicht als objektive Wahrheit verstanden werden … Sie sind vielmehr das Resultat von verschiedenen Begegnungen, subjektiven Wahrnehmungen und Interpretationen" (ebd., S. 87). So sind der Autorin zufolge „sowohl die Interviewpartner, die in ihren Darstellungen eine eigene Sinnhaftigkeit erschaffen, als auch ...[die] Forscherin, die durch Konzeption und Auswertung der Forschung Einfluss nimmt, ... an diesem Konstruktionsprozess beteiligt" (ebd.).

Diese Betrachtungsweise von Forschung ist meines Erachtens nicht selbstverständlich, so stellt(e) die Entdeckung und Untersuchung „objektiver Wahrheiten" ein wesentlichen Leitgedanken quantitativer sowie qualitativer Forschung(-splanungen) dar (vgl. Flick, 2010, S. 23 ff). In diesem Zusammenhang argumentiert der Soziologe A. Schütz (1971):

> Genau genommen gibt es nirgends so etwas wie reine und einfache Tatsachen. Alle Tatsachen sind immer schon einem universellen Zusammenhang durch unsere Bewußtseinsabläufe ausgewählte Tatsachen. Somit sind sie immer interpretierte Tatsachen: entweder sind sie in künstlicher Abstraktion aus ihrem Zusammenhang gelöst oder aber sie werden nur in ihrem partikulärem Zusammenhang gesehen. Daher tragen in beiden Fällen die Tatsachen ihren interpretativen inneren und äußeren Horizont mit sich (ebd., S. 5).

Die Frage nach einer *korrekten* und *objektiven* Datenerhebung stellt sich auch Devereux (1967/1973) in Bezug auf die Differenz seiner Beobachtungen bestimmter Gruppenereignisse zu zwei unterschiedlichen Zeitpunkten. Er kommt zu dem Schluss, dass die Relevanz seiner Ergebnisse nicht in der Unterscheidung zwischen richtig und falsch liegt, sondern dass sie sich auf verschiedene Tatsachen bzw. Wirklichkeiten beziehen: Das Geschehen in Anwesenheit des Forschers als Außenstehende und das Geschehen in Anwesenheit des Forschers als Gruppenmitglied (vgl. ebd., S. 300 f). In diesem Sinne ist auch mir bewusst, dass die vorliegende Arbeit einen Konstruktionsprozess darstellt. Sie bildet einen Ausschnitt der Realität ab, der ich als Forscherin in Interaktion mit dem Feld begegnet bin.

Nicht nur auf wissenschaftlicher Ebene, sondern auch in dem vorliegenden Feld der Flüchtlingsarbeit und -politik, nimmt, wie in den theoretischen Grundlagen beschrieben, die Frage nach der *objektiven Wahrheit* einen großen Raum ein. (Rollen-)Erwartungen sowie Vertrauen und Misstrauen spielen meines Erachtens eine bedeutsame Rolle. Aus diesem Grund war es mir im Sinne von Bourdieu (1993/2005) wichtig, in den Begegnungen mit den jeweiligen Gesprächspartnern jedem das Gefühl zu vermitteln „mit gutem Recht das zu sein, was er ist" (ebd., S. 398) und dabei dem Leitgedanken seiner Forschung „[n]icht bemitleiden, nicht auslachen, nicht verabscheuen, sondern verstehen" (ebd., S. 13) zu folgen.

4. Feldzugang

Der *Weg ins Feld* (Wolff, 2010, S. 334) erschien mir während meines Forschungsprozesses als ein nie abgeschlossener Prozess. So gibt es nach Wolff (2010) keinen Zeitpunkt oder feste Grenze, die es zu überschreiten gilt um danach mit der „eigentlichen" Forschungsarbeit zu beginnen, da „sich das Innere des Feldes dem forschenden Blick offen und ungeschützt darbietet" (Wolff, 2010, S. 334 f). Vielmehr eröffneten mir schon die ersten Kontakte Einblicke in die bestehenden Strukturen und Lebenswelten der Jugendlichen.

Durch ein zuvor geleistetes Praktikum sowie darüber hinausgehende Tätigkeiten in einem psychosozialen und therapeutischen Behandlungszentrum für Flüchtlinge war es mir möglich, Kontakt zu insgesamt zwei Einrichtungen, einem Wohnheim und einer Wohngruppe, für unbegleitete minderjährige Flüchtlinge aufzunehmen. In beiden Einrichtungen wurden ausschließlich männliche Jugendliche untergebracht.

Ich entschied mich, den Kontakt zu den Jugendlichen über die jeweiligen Einrichtungen und deren Betreuer zu suchen und nicht direkt über die Therapeuten des Behandlungszentrums. Dies erschien mir aus mehreren Gründen als sinnvoll. Zum einen eröffnete es mir die Möglichkeit, einen direkten Einblick in die Wohn- und Lebenswelt der Jugendlichen zu bekommen, zum anderen wollte ich vermeiden, dass die Jugendlichen sich aus einem Pflichtgefühl den Therapeuten gegenüber zu den Gesprächen mit mir entschieden. Zudem erhielt ich so auch die Möglichkeit mit Jugendlichen in Kontakt zu kommen, die sich nicht in einer therapeutischen Behandlung befanden. Die Vorgespräche mit den Betreuern dienten zudem der Auswahl der möglichen Gesprächspartner. Diese sollte angelehnt an Antonovsky (1987/1997) nach dem Kriterium der stabilen Einschätzung seitens Dritter trotz belastender Erfahrungen erfolgen (ebd., S. 72): Zum einen sollten die Gespräche keine zu große Belastung für die Jugendlichen darstellen und zum anderen sollten sie auch über Ressourcen und Formen der Bewältigung berichten können.

Bevor ich also Kontakt zu den Jugendlichen aufnehmen konnte, führte ich verschiedene Gespräche mit den pädagogischen Mitarbeitern der Einrichtungen, um diese über mein Anliegen zu informieren. Dabei erhielt ich verschiedene Reaktionen. Die Mitarbeiter des Wohnheims äußerten sich eher verhalten und skeptisch meinem Vorhaben gegenüber. Sie erklärten sich zwar grundsätzlich bereit, mich zu unterstützen, äußerten jedoch auch Zweifel: Ich wäre nicht die erste, die versuchen würde mit den Jugendlichen zu sprechen. Viele seien misstrauisch und der Zugang zu den Jugendlichen sei sehr schwer. Die Mitarbeiterinnen der Wohngruppe dagegen waren sehr interessiert an meiner geplanten Arbeit und engagiert dabei, mich zu unterstützen.

In einem nächsten Schritt musste ich das Einverständnis der jeweiligen Amtsvormünder einholen. Dazu fertigte ich ein Anschreiben sowie eine Einverständniserklärung an, in denen ich mein Vorhaben beschrieb und über die rechtlichen Rahmenbedingungen, wie Anonymität und Freiwilligkeit der Teilnahme informierte Im Fall der Amtsvormundschaft für die Jugendlichen aus dem Wohnheim stellte sich dieser Schritt als sehr unkompliziert dar. Das Erhalten der Genehmigung des Amtsvormundes für die Jugendlichen der Wohngruppe hingegen stellte sich als schwieriger heraus. Die Bearbeitung meines Anliegens wurde hinaus gezögert und es erforderte einige Gespräche zwischen dem Amtsvormund und mir sowie den Betreuern zur Klärung verschiedener Aspekte und Fragen. Wolff (2010) schreibt in diesem Zusammenhang: „Auf Zugangsbemühungen reagieren die betreffenden Felder, soweit möglich, mit Rückgriff auf bereits bekannte und erprobte Muster der Neutralisierung von Störungen und des Umgangs mit unliebsamen bzw. ungewohnten Ansinnen" (ebd., S. 343). Nach Flick (2010) stellt ein Forschungsanliegen an eine Institution eine Anforderung dar, die mit Zeitaufwand, Irritationen sowie Verunsicherungen einhergeht ohne dass „ein unmittelbarer Nutzen ... erkennbar wäre" (ebd., S. 147), wobei es jedoch selten „wirkliche Gründe" (ebd.) für dessen Ablehnung gibt.

Die beschriebenen Schritte bezeichnet Wolff (2010) als „Umgang mit Türstehern" (ebd. S. 342). Innerhalb meines Forschungsprozesses war es daher erforderlich diesem Aspekt der Zugangsarbeit ausreichend Raum zu geben, da der Kontakt sowie die Art des Zugangs zu den Jugendlichen in erheblichem Maße von eben dieser Kooperationsbereitschaft abhängig war. Sie eröffneten mir jedoch auch wichtige Einblicke in die bestehenden Strukturen und einen ersten Eindruck von der Lebenswelt der Jugendlichen.

Mithilfe der Unterstützung der pädagogischen MitarbeiterInnen konnte ich erste Vorgespräche mit den Jugendlichen führen, in denen wir uns kennen lernten und ich die Gelegenheit bekam, ihnen persönlich mein Vorhaben zu erklären. Diese ersten Kontakte verliefen sehr unterschiedlich, wobei im Wesentlichen die Klärung und Aushandlung meiner Rolle und Funktion im Mittelpunkt stand. Nach Flick (2010) „steht der Forscher an dieser Stelle vor dem Problem der Aushandlung von Nähe und Distanz ... , der Offenlegung, Transparenz und Aushandlung der wechselseitigen Erwartungen, Ziele und Interessen und vor der Entscheidung zwischen Innen- und Außenperspektive" (ebd., S. 151).

Da mir bewusst war, dass die Jugendlichen im Zuge ihres Asylverfahrens schon einmal aufgefordert waren ihre Lebensgeschichte zu erzählen, war es mir zunächst einmal wichtig, mich von diesen Erfahrungen abzugrenzen. Aus diesem Grund fertigte ich zusätzlich eine Teilnehmerinformation sowie eine Einverständniserklärung an, womit ich ihnen auch schriftlich meine Planung sowie ihre Rechte „versichern" konnte. Die Dokumente wurden auf deutscher, englischer, französischer sowie spanischer Sprache verfasst.

Meine Befürchtung, dass die Jugendlichen mich erst einmal mit einem offiziellen Termin einer Behörde in Verbindung bringen könnten, wurde in meiner ersten Begegnung mit Mustafa (Abschnitt 5.1) bestätigt, in dem er sich nach unserer Begrüßung an seine Betreuerin richtete und nach seinen Papieren fragte, da er diese seiner Meinung nach für unser Gespräch brauchen würde.

Die Aushandlung meiner Rolle sowie die durch mein Anliegen ausgelösten Reaktionen auf Seiten der Jugendlichen, lassen sich gut anhand der ersten Begegnung mit den Jungen der Wohngruppe verdeutlichen. Ich hatte mit den Betreuerinnen einen Termin zum Kennen lernen verabredet. Als ich die Einrichtung erreichte, saß die Gruppe gerade bei einem gemeinsamen Mittagessen. Der Tisch war reichlich gedeckt und ich wurde sofort eingeladen, mit ihnen zu essen. Ich empfand die Atmosphäre als sehr angenehm und offen. Meine Anwesenheit wurde als selbstverständlich betrachtet und ich freute mich über die mir entgegengebrachte Gastfreundschaft. Nach einiger Zeit stellte ich den Grund für mein Kommen vor. Es entwickelte sich mit einem Teil der Jungen ein Gespräch, welches jedoch etwas chaotisch verlief, da das von mir Gesagte von den Betreuerinnen immer wieder in den verschiedenen Sprachen übersetzt wurde. Mit den Jugendlichen, die Englisch verstanden, konnte ich direkt sprechen. Es entwickelte sich eine kritische Diskussion, was ich jedoch als sehr positiv empfand, da es zeigte, dass sich die Jugendlichen mit dem Thema auseinandersetzten. Ein wichtiges Thema der Diskussion war die Anonymität, der Zweck der Arbeit und die Personen, die diese lesen wollten. Dies spiegelt die schon erwähnten Befürchtungen wider, das von mir gewünschte Gespräch könnte in der Art der Gestaltung sowie im Zweck mit der Anhörung des Asylverfahrens in Verbindung stehen. Auch Thielen (2009) weist darauf hin, dass diese Assoziation einen wesentlichen Einfluss auf den Forschungsprozess mit Flüchtlingen haben kann (ebd., S. 6 ff). Ein weiterer Aspekt in diesem Zusammenhang war jedoch auch *wer* diese Arbeit überhaupt lesen würde bzw. *welcher* Gewinn darin bestünde. Die Betreuerinnen, die wie schon erwähnt sehr darum bemüht waren, mich in meinem Vorhaben zu unterstützen, argumentierten an meiner Stelle und erläuterten, dass sie darin eine

Gelegenheit sehen würden, anderen Menschen einen Einblick in ihre Situation zu geben oder dass Menschen in ähnlichen Situationen aus ihren Erfahrungen lernen könnten und dies wiederum langfristig zu Veränderungen führen würde. Dieser Austausch zeigt die verschiedenen Erwartungen, die an mich als Forscherin von Seiten der Jugendlichen, aber auch von den BetreuerInnen herangetragen wurden. Nach Wolff (2010) müssen sich in dieser Phase des Forschungsprozesses

> beide Seiten ... aufeinander einlassen, ohne rechte Gründe und Sicherheiten für Vertrauen zu haben. Angesichts einer solchen Konstellation mag es verständlich sein, wenn sich Forscher den Zugang mit problematischen Ankündigungen oder gar Versprechungen im Hinblick auf den erwartbaren Nutzen ... erkaufen wollen .... Unterm Strich beschränkt sich [jedoch] der tatsächliche Nutzen für das Feld in den meisten Fällen auf eine kurzfristige Unterbrechung der täglichen Langeweile, auf die Möglichkeit, seine Sorgen und Beschwerden an den Mann zu bringen, sowie auf eine Gelegenheit, ein gutes Werk zu tun (ebd., S. 348).

Aus der Diskussion entwickelte sich das Bild von mir als Studentin, die ihre Hilfe benötigte, um mit der geplanten Arbeit das Studium zu beenden. Diese Rolle gefiel mir besser. Ich konnte und wollte keine Versprechungen machen, die ich nicht halten konnte. Mit Bourdieu gesprochen bestand in der Situation eine Asymmetrie in der Verortung im sozialen Raum aufgrund ungleicher Positionierung der Kapitalsorten (Bourdieu et al., 1993/2005, S. 395). Auf der einen Seite befanden sich die Jugendlichen in einer unsicheren Aufenthaltssituation und dadurch einschränkenden und fremdbestimmenden Strukturen ausgesetzt (vgl. Abschnitt 2.1.2). Auf der anderen Seite befand ich mich als deutsche, vergleichsweise gut ökonomisch sowie sozial positionierte Forscherin. So hatte ich das Gefühl, dass dadurch demgegenüber ein gewisser Ausgleich geschaffen wurde. Dennoch war dies ein wesentlicher Aspekt im Laufe des Forschungszugangs. Nach Wolff (2010) kommt es im Zuge der sozialen Verortung von Forscherin und Anliegen zusätzlich zur „Erfahrung, Dramatisierung und Etablierung der *Grenze* zwischen der betreffenden Einheit und ihrer Umwelt ... Im

Feldzugang konstituiert sich das Feld und wird zugleich von den Akteuren wie den Beobachtern *als soziale Einheit* erfahren" (ebd., S. 340).

Im Laufe des weiteren Gruppengesprächs zeigten sich auch Ängste, die mit meinem Anliegen verbunden schienen. Eine Befürchtung war, dass durch die geschilderten Erlebnisse von Krieg und Gewalt der Eindruck entstünde, in Afrika gäbe es nur „Verrückte" oder „böse" Menschen und so Vorurteile verfestigt würden. Ein weiterer Aspekt betraf die Angst vor einer *potentiellen Retraumatisierung* (vgl. Thielen, 2009, S. 8 f) und der daraus resultierende Vorschlag, mir Teile ihrer Geschichte aufzuschreiben, statt zu erzählen. Aus den aufgeführten Aspekten wurde die Notwendigkeit einer vorsichtigen, niedrigschwelligen sowie individuell angepassten Forschungsstrategie ersichtlich.

Der Zugang zu den Jugendlichen sowie meine Rolle im Feld entwickelten sich in der Begegnung mit jedem Einzelnen und auch über die Zeit betrachtet individuell verschieden. Daher werde ich darauf in der Vorstellung der einzelnen Jugendlichen noch einmal gesondert eingehen.

Die Auswahl meiner Gesprächspartner richtete sich, wie eingangs erläutert, zum einen an das Kriterium der stabilen Einschätzung seitens Dritter trotz belastender Erfahrungen, zum anderen an die Erfahrung des Lebens in Deutschland als unbegleiteter minderjähriger Flüchtling. Die Zusammenstellung der Gruppe gestaltete sich daher sehr heterogen. Ihnen ist in Anlehnung an Bourdieu eine spezifische *Position und Perspektive* (Bourdieu et al, 1993/2005, S. 17) durch die Konstruktion des Flüchtlingsbegriffs gemein. Herkunft, Geschichte, Fluchtursachen und -motive sind jedoch verschieden. Eine weitere, jedoch nicht intendierte Gemeinsamkeit besteht im Geschlecht meiner Gesprächspartner. Leider war es mir innerhalb meiner Forschung nicht möglich, Kontakt zu weiblichen Jugendlichen herzustellen. Die von mir aufgesuchten Einrichtungen waren ausschließlich für männliche Jugendliche ausgerichtet. Die Mädchen werden nach meinem Kenntnisstand in reguläre Jugendhilfeeinrichtungen oder Pflegefamilien untergebracht. Kontaktversuche zu diesen Institutionen blieben leider erfolglos. Zusätzlich verfügte <u>kein</u> Gesprächspartner über einen gesicherten Aufenthaltsstatus, sondern entweder über eine Duldung oder eine Aufenthaltsgestattung (vgl. Abschnitt 2.1.2).

5. Fallgeschichten

Die Präsentation der Ergebnisse erfolgt, wie in Abschnitt 3.4 beschrieben, in Form von drei Einzelfalldarstellungen. Diese werden jeweils von einer kurzen Beschreibung der biografischen Hintergründe eingeleitet, wie sie von den Gesprächspartnern dargelegt wurden. Darauf folgt die Darstellung und Reflexion des Forschungsprozesses. Im Anschluss werden die Gesprächsinhalte anhand der Themen, die sich aus der qualitativen Inhaltsanalyse ergeben haben, anhand der Betrachtungsdimensionen „Erleben" und „Bewältigungsformen", beschrieben. Diese sind in der folgenden Tabelle dargestellt.

ERLEBEN	BEWÄLTIGUNGSFORMEN
• Bezug zum Herkunftsland • Äußere Belastungsfaktoren • Psychische Belastungsreaktionen • Zukunftsängste • Extra: Probleme der Legendenbildung	• Soziale(Ein-)Bindungen • Umgang mit Gefühlen • Umgang mit der Migrationssituation im Aufnahmeland • Aktives Handeln • Zukunftsorientierung

Tabelle 2: Themen der inhaltsanalytischen Auswertung

Durch die Darlegung ausführlicher Zitate, werden diese belegt und führen zudem zu einem besseren Verständnis der einzelnen Gesprächspartner und dessen Perspektive. Eine zusammenfassende Interpretation erfolgt im abschließenden Teil der Arbeit.

Wie in Abschnitt 3.4 erläutert, habe ich mit insgesamt fünf Jugendlichen Gespräche geführt. Da eine ausführliche Einzelfalldarstellung aller Gesprächspartner den Rahmen der Arbeit weit übersteigen würde, möchte ich die Begegnungen mit den übrigen zwei Jugendlichen in kurzer Form hier darstellen und sie in dem anschließendem Abschnitt 6 an geeigneter Stelle zitieren.

Tedros und Farid sind beide 16 Jahre alt und stammen aus Westafrika. Zum Zeitpunkt unserer Begegnungen lebten sie in einer Wohngruppe für unbegleitete minderjährige Flüchtlinge und befanden sich erst seit einigen Monaten in Deutschland. Ich führte mit beiden Jungen jeweils ein Einzelgespräch auf Englisch, was weder von mir, noch von ihnen die Muttersprache darstellte. Beide Gespräche dauerten unter einer Stunde, da beide Jugendliche nicht mehr Zeit hatten. Die Gespräche fanden in einer freundlichen, aber distanzierten Atmosphäre statt. Durch den kurzen Forschungskontakt, war es nicht möglich eine Vertrauensbeziehung herzustellen und ich empfand ein unterschwelliges Misstrauen mir gegenüber. Dennoch erhielt ich in den Einzelgesprächen sowie in den Vorkontakten wertvolle Einblicke in die (Er-) Lebenswelt der Jugendlichen, die in Form von Zitaten und als Gesamteindruck in den Erkenntnisprozess der Forschungsarbeit mit eingehen werden.

5.1 Mustafa

„Ich denke, wenn ich viel lerne, dann ich möchte sein ein guter Mann."

5.1.1 Biografischer Hintergrund

Mustafa ist nach seinen Angaben zum Zeitpunkt unserer Begegnung 17 Jahre alt und stammt aus einem der Länder des Mittleren Ostens. Die Region ist von Krieg, Unterdrückung und Armut gezeichnet, so dass Mustafa schon seit seiner Kindheit mit traumatisierenden Ereignissen konfrontiert wurde. Sein Onkel und seine Cousine starben bei einem Raketenangriff. Er berichtet von Hunger, Angst und Gewalt. In den Jahren vor seiner Flucht lebte Mustafa mit seiner Familie – seinen Eltern, drei Schwestern und zwei Brüdern sowie der Frau seines Bruders – zusammen in einem Haushalt. Durch politische Veränderungen kam es zur Verbesserung der Lebenssituation und die Familie befand sich durch die Führung eines Geschäfts in einer vergleichsweise guten finanziellen und gesellschaftlich anerkannten Lage.

Mustafa: „Ja und wir waren eine große Familie. Wir hatten sehr viele Verwandte und ja mein Vater war in der Gegend, wo wir wohnten, sehr bekannt und die Leute hatten großen Respekt vor ihm und auch vor meinem Bruder. Wir besaßen auch zwei Häuser. Wir hatten eigentlich eine gute Lage. Mein Vater hatte gute Kontakte und gute Beziehungen aufgrund seiner Arbeit … Ja, das Verhältnis zu meinen Geschwistern und zu meinen Eltern war gut. Wir waren eine anerkannte Familie. Wir haben zu vielen Leuten ein gutes Verhältnis und guten Kontakt gehabt. Das war sehr positiv[20]". (M I, Z. 49-57)

---

[20] Zitate des ersten Interviews (M I) geben den Wortlaut des Dolmetschers wieder.

Diese gute finanzielle Position entwickelte sich jedoch zur Bedrohung der Familie. Mustafa berichtet davon, er sei eines Tages mit dem Fahrrad von der Schule nach Hause gefahren und von zwei Männern überwältigt und entführt worden. Er wurde mehrere Tage in einem dunklen Raum festgehalten und misshandelt bis die Männer das geforderte Lösegeld erhielten. Die Bedrohung hielt jedoch weiter an. Da die Familie von polizeilicher Seite keine Unterstützung erhielt, entschied sich der Vater seinem Sohn mithilfe einer Schlepperorganisation die Flucht nach Europa zu ermöglichen. Auch die übrige Familie wollte in naher Zukunft das Land verlassen und ihm folgen. Mustafas Flucht dauerte über vier Monate und erfolgte über verschiedene Länder Europas. Die Reise war dabei von Gefahren und Belastungen geprägt. Er wurde nur knapp vor dem Ertrinken von der griechischen Polizei gerettet, da das kleine Ruderboot, in dem die Gruppe unterwegs war, von einem Wal angegriffen wurde. Auf der Flucht hatte Mustafa kein bestimmtes Land als Ziel. Die schlechten (Aufnahme-)Bedingungen, denen er in Form von überfüllten Heimen oder sogar Obdachlosigkeit in den einzelnen Ländern begegnete, führten jedoch dazu, dass er sich immer wieder dazu entschloss weiter zu gehen. Schließlich erreichte er Deutschland.

Mustafa: Und dann ich komme nach Deutschland (lacht), ich komme nach Deutschland und die Polizei macht meine Hände so (macht Geste fürs Verhaften/ Handschellen anlegen).

Stephi: Man hat dich verhaftet und Handschellen angelegt?

Mustafa: Ja, aber nein, nicht so, weil weißt du, ich komme hier nach Deutschland, die Polizei fragt mich: „Woher kommst du? Wohin gehst du?" Ich so: „Ich weiß nicht" Die Polizei sagt: „Ah, komm her, Deutschland ist gut." Die Polizei hat gesagt: „Möchtest du gehen in ein anderes Land, oder wo?" Ich hab gesagt: „Für mich ist egal." Ich gucke andere Land, aber nicht gut. Die Polizei hat gesagt: „Deutschland ist gut!" „Ja, ich bleibe hier!" Und jetzt, ich bin hier und ich habe jetzt ein Zimmer, Essen, Trinken, Kleider, ein Bett. Ja, jetzt ist gut. (M II, Z. 543-553)

Zum Zeitpunkt der Interviews lebt Mustafa seit über einem Jahr in Deutschland. Den Kontakt zu seiner Familie hat er auf der Flucht verloren, so dass ihr Schicksal und der Zeitpunkt des Wiedersehens für ihn ungewiss sind.

5.1.2 Darstellung und Reflexion des Forschungsprozesses

Mustafa war der erste Gesprächspartner, der mir im Rahmen meiner Forschung vorgestellt wurde. Die Situation war etwas durcheinander. Ich wartete eine längere Zeit im Flur des Wohnheims als eine Betreuerin kam und mir Mustafa vorstellte. Ich war kurz verwirrt, da mir in dem Vorgespräch mit der pädagogischen Leitung mitgeteilt wurde, dass ich mit zwei Jungen aus Westafrika verabredet sei. Auch Mustafa schien nicht wirklich aufgeklärt worden zu sein, denn er richtete sich nach unserer Begrüßung an seine Betreuerin und fragte nach seinen Papieren, die er seiner Meinung nach für unser Gespräch brauchen würde. Er betrachtete mich anscheinend als Vertreterin einer offiziellen Behörde. Da mir, anders als angekündigt, kein Raum zur Verfügung stand in dem wir uns unterhalten konnten, gingen wir in Mustafas Zimmer. Ich war etwas verunsichert, da ich es als Eindringen in die Privatsphäre empfand, aber Mustafa teilte mir mit, dass es ihm nichts ausmache. Während unseres Gesprächs hatte ich das Gefühl, dass Mustafa mich recht gut verstand, er selber brauchte jedoch immer etwas Zeit um die richtigen Wörter zu finden. Die Atmosphäre war angenehm und Mustafa machte einen freundlichen und kooperativen Eindruck. Nachdem ich ihm mein Vorhaben erklärt hatte, erzählte er von seiner Teilnahme an einer Theatergruppe und dass er in diesem Rahmen schon einmal seine Lebensgeschichte aufgeschrieben habe. Er sei daher einverstanden an meiner Forschung teilzunehmen.

Im Verlauf des Forschungsprozesses fanden insgesamt zwei Interviewtermine statt.

Das erste Interview fand zwei Wochen später in den Räumen des Behandlungszentrums mithilfe eines Dolmetschers statt. Zu Beginn seiner Erzählungen wirkte Mustafa nervös und schaute mich wenig an. Ich hatte den Eindruck, dass ihn die Erzählungen seiner Vergangenheit belasteten. Um bei ihm eine emotionale Überforderung bzw. eine Retraumatisierung zu vermeiden, lenkte ich das Gespräch auf die Gegenwart und war erleichtert zu sehen, dass sich Mustafa im Gespräch über positive Aspekte, wie Freundschaften und Freizeitaktivitäten, sichtlich entspannte. Leider teilte mir kurz darauf der Dolmetscher mit, dass er nur noch wenig Zeit habe. Ich ärgerte mich darüber, da er mir dies in der Vorbesprechung nicht mitgeteilt hatte. Außerdem wurde das Gespräch in einer für Mustafa stabilisierenden Phase, in der er über die positiven Aspekte seines Lebens berichtete, abgebrochen. In diesem Zusammenhang hatte ich ein schlechtes Gewissen und Angst für Mustafa eine Belastung darzustellen, was ein erhöhtes Verantwortungsgefühl in mir auslöste. Seine entgegenkommende Art, die ich als sehr konform beschreiben würde, verstärkte dieses Gefühl. Nachdem der Dolmetscher den Raum verlassen und ich das eigentliche Interview beendet hatte, wirkte Mustafa sichtlich entspannter. Der Dolmetscher hatte ihn scheinbar, alleine durch seine Anwesenheit, gehemmt. In wieweit dies mit der gleichen Herkunft der beiden und möglichem Misstrauen Mustafas gegenüber einem Erwachsenen aus derselben Kultur zu tun hatte, ist offen. Wir blieben noch eine Weile im Raum sitzen. Er zeigte mir einige seiner Bilder, die er gezeichnet hatte und es entwickelte sich eine Unterhaltung, in der Mustafa unter anderem noch einmal auf seine Flucht zu sprechen kam. Ich hatte den Eindruck, dass die Situation trotz einiger Sprachschwierigkeiten für uns beide im direkten Kontakt angenehmer war und ich einen wesentlich besseren Zugang zu Mustafa aufbauen konnte. Aus diesem Grund beschloss ich das zweite Interview ohne Dolmetscher zu führen.

Das zweite Interview fand vier Wochen später in Mustafas Zimmer im Wohnheim statt. Mustafa sprach sehr langsam und es fehlten im öfter die richtigen Wörter, so dass das Gespräch oftmals nicht vertieft werden konnte. Dennoch war ich froh auf den Dolmetscher verzichtet zu haben. Die Stimmung war wesentlich angenehmer und das erhöhte

Verantwortungsgefühl meinerseits reduzierte sich, da ich den Eindruck hatte Mustafa die Gelegenheit zu geben, die für ihn wichtigen Aspekte noch einmal verdeutlichen zu können.

5.1.3 Darstellung der Gesprächsinhalte

5.1.3.1 Betrachtungsdimension: Erleben

Innerhalb seiner Erzählungen beschreibt Mustafa verschiedene Erlebensdimensionen, die ich im Folgenden darstellen werde.

Bezug zum Herkunftsland

Als besonders belastend stellt sich für Mustafa die Ungewissheit über den Verbleib seiner Familie dar. Zum Zeitpunkt unserer Gespräche weiß Mustafa weder wo sich seine Familie aufhält noch ob es ihr gut geht.

Mustafa: ... Weißt du, einmal in der Schule, ich war viel traurig, sehr viel traurig. Meine Lehrerin fragt mich: „Mustafa, was ist los? Warum bist du traurig, heute keinen Spaß machen, keine Lust?" Ja, ich hab ein bisschen geweint, ich viel denken an meine Familie. Meine Lehrerin hat dann gesagt: „Mustafa, du kannst nach Hause gehen." Aber ich habe gesagt: „Nein, ich nicht gehen nach Hause, ich bleibe hier." Meine Lehrerin hat gesagt: „Kannst du dich ein bisschen ausruhen!" „Ja, kein Problem." Hab ich gesagt. Ja, hab ich viel nachgedacht und gezeichnet. Das heißt: „Ich bin alleine, keine Familie!" (M II, Z. 93-100)

Mustafa: Ja. Weißt du, hier, das ist das erste Mal, ich bin alleine.

Stephi: Ja, du warst sonst immer mit deiner Familie zusammen.

Mustafa: Ja, immer mit meiner Familie ... Ja, und jeden Tag meine Mutter kommt in mein Zimmer und sagt: „Mustafa, guten Morgen. Willst du gehen in die Schule?" Ja, und jeden Morgen, wenn ich schlafen, meine Mutter kommt in mein Zimmer und ja, hier ist mein Bett und sie sitzt hier (zeigt mit der Hand auf das Kopfende vom Bett) und sie macht so über meinen Kopf (streichelt sich mit der Hand über den Kopf). Ja, das mag ich gerne. Jeden, jeden Tag sie macht so über meine Haare. Und immer zusammen essen. Jeden Morgen ich gehe zur Schule und meine Schwestern, ich habe drei Schwestern, ja, wir gehen alle zusammen in Schule und wir immer zusammen essen. Ja, wir hatten viel Spaß. (M II, Z. 211-228)

Mustafa berichtet, dass er aufgrund der Trennung von seiner Familie große Traurigkeit empfinde. In seiner Heimat waren sein Leben und sein Alltag stark von der Familienstruktur geprägt. In den Gesprächen wird die Sehnsucht nach der Familie, die er als liebevoll und fröhlich erinnert, deutlich. Außerdem setzt sich Mustafa gedanklich mit seiner Herkunft auseinander.

Mustafa: Weißt du, früher, wenn ich war viel alleine, ich denke immer: „Warum ich komme aus *diesem*[21] *Land*?" Ich war immer alleine, ich sprechen mit mir alleine: „Warum ich komme aus *diesem Land*?" *Dieses Land* hat Probleme, ich komme hier alleine. Alle meine Leute aus meinem Land, alle sind in Europa in einem anderen Land. Alle weg. Alle in Iran, Türkei, Griechenland, Frankreich. Alle *aus diesem Land* woanders. Ich denke so oft: „Warum ich komme aus *diesem Land*?"

---

[21] Der Name des Herkunftslandes wurde anonymisiert. Einfügungen dieser Art werden *kursiv* gekennzeichnet.

Stephi: Und sind das immer noch Fragen, die du dir stellst? Warum ich? Warum ist mir das alles passiert?

Mustafa: Ja, weißt du, ich denke oft: „Warum, warum?" Ich denke oft an meine Leute aus meinem Land, an mein Leben, an andere Leute und denke: „Warum?" Weißt du, andere Land, kein Krieg, keine Probleme, aber in *diesem Land*, kein Essen, nicht sauber, keine Arbeit. (M II, Z. 436-446).

Mustafa fragt sich, warum gerade in seinem Land die Lage so schwierig sei und versucht dadurch einen Sinn für die belastenden Erfahrungen in seinem Leben zu finden.

Zukunftsängste

In Bezug auf seine Zukunft empfindet Mustafa Ungewissheit

Mustafa: Ich weiß nicht, ob ich hier eine Zukunft habe, was ich tun soll. (M I, Z., 256-257).

Mustafa: Mein Lehrer sagt, ich kann hier keine Ausbildung machen. Ich habe ihn gefragt, warum nicht? Ich habe zu meinem Lehrer gesagt, dass ich mir wünsche eine Ausbildung zum Automechaniker zu machen, aber er sagt: „Das kannst du nicht!" Ich habe ihn gefragt, warum nicht? Dann hat mein Lehrer gesagt: „Du hast keinen Aufenthalt und dann hast du auch keinen Anspruch auf diese Ausbildung." Mein Lehrer hat gesagt, dass ich das nicht machen kann und zu einer anderen Schule muss, zu so einer Berufsschule. Aber, viele Leute, die dort sind, sie sind nicht zufrieden. Ich habe mit meinem Betreuer gesprochen und ihm gesagt: „Das gefällt mir nicht!" Aber mein Betreuer sagte: „Du musst, weil du hast keine andere Wahl." (M I, Z. 300-309)

Mustafa beschreibt Aspekte der Perspektivlosigkeit. Diese Unsicherheit wird durch die von ihm wahrgenommenen Restriktionen, die im

Wesentlichen durch seinen unsicheren Aufenthaltsstatus begründet sind, verstärkt.

Äußeren Belastungsfaktoren

Neben der Sehnsucht nach der Heimat und der Unsicherheit über seine Zukunft berichtet Mustafa auch von weiteren äußeren Belastungsfaktoren

Mustafa: Ja. Und ich (war) immer alleine, keine Jungs, keinen Kontakt mit anderen Jungs, keinen. Jetzt, viele *Leute aus meinem Land* sind hier, aber früher, keiner konnte meine Sprache und dann ich immer so viel denken, denken und dann ich zeichne über meine problems in *meinem Land*, hier, meine Mutter, alles (...). (M II, Z. 15-18)

Mustafa fühlt sich aufgrund der fehlenden sozialen Kontakte oft einsam. Als Grund nennt er u.a. Sprachbarrieren. Besonders in der ersten Zeit in Deutschland sei das Gefühl der Einsamkeit durch fehlende Kommunikationsmöglichkeiten in Deutsch bzw. in den Sprachen der anderen Jugendlichen sehr stark gewesen.

Er berichtet außerdem von Ausgrenzungs- und Rassismuserfahrungen, die er im Rahmen unterschiedlicher Begegnungen in Deutschland gemacht habe.

Mustafa: Weißt du früher, ich treffe ein Mädchen, ein bisschen sprechen in Englisch: „Where do you from? What´s your name?" So, ja? Und dann das Mädchen hat gesagt: „Woher kommst du?" Ich habe gesagt: „Ich komme aus *diesem Land*" Und sie hat gesagt: „Oh, Scheiße!" „Warum?" Das Mädchen hat gesagt: „Viele Probleme, Mafia, Krieg, Drogen, …." Ja, ich weiß, ich komme aus *diesem Land*, aber ich bin nicht Mafia, ... Ja, ich denke, bis jetzt, ja? Ich möchte später werden ein guter Mann in Deutschland. Ich komme aus *diesem Land*, aber kein Problem. (M II, Z. 384-390)

Mustafa: Ja. Und wenn jetzt andere Mädchen kommen, ich nicht gehen zu dem Mädchen. Weil ich denke, wenn das Mädchen sagt: „Woher kommst du?" Ah, noch mal Scheiße. (M II, Z., 392-393)

Diese Erlebnisse machen ihn traurig und lösen Unverständnis darüber aus, dass er als Person mit den Problemen in seinem Herkunftsland gleichgesetzt wird. Zudem hemmen diese Erfahrungen ihn in weiteren Kontaktversuchen, auch zum anderen Geschlecht.

Mustafa: Ich wünsche mir einfach, ein ganz normaler Junge hier zu sein, wie die anderen Jungs in meinem Alter hier sind. Das wäre dann mein zweiter Wunsch. Ich möchte einfach ganz leise bleiben, ein ganz normaler Mensch, vernünftig bleiben, einfach ein ganz normaler Mensch. (M I, Z. 348-352)

Er wünscht sich Normalität sowie ein integriertes Mitglied der Gesellschaft zu sein, der von seiner Umwelt als solches wahrgenommen und geschätzt wird.

Als weitere Einschränkung nennt Mustafa seine knapp bemessenen finanziellen Ressourcen, die ihn bei der Umsetzung seiner Interessen, wie die Beschäftigung mit Computern, hemmen.

Psychische Belastungsreaktionen

Neben den äußeren Belastungsfaktoren erlebt Mustafa auch psychische Belastungsreaktionen, wie Schlafstörungen und Grübeln.

Mustafa: Ja, weißt du, früher, früher, wenn ich neu gekommen bin in Deutschland, ich war allein im Zimmer, ich immer viel denken an meine Familie (...) immer bis 4 Uhr nachts ich kann nicht schlafen, immer bis 4 Uhr und dann ich kann nur drei, vier Stunden schlafen. Immer nur denken, denken und dann ich sitze hier, schaue Fernsehen oder ein bisschen Musik und dann zeichne ich. Weißt du, (...) früher, ich denke viel an meine Mutter, ich muss immer viel weinen und dann zeichne (ich) meine Mutter (....) Weißt du, meine Mutter (ist) sehr krank, ich weiß nicht, ob sie schon tot (ist) oder noch lebt. (M II, Z. 7-13)

Er berichtet, dass er nachts häufig lange wach liege und über sein Leben, seine Vergangenheit und seine Familie nachdenke.

5.1.3.2 Betrachtungsdimension: Bewältigungsformen

Wie Mustafa mit seiner Situation in Deutschland umgeht, welche Lösungswege er sucht und welche Ressourcen ihm zur Verfügung stehen, wird im Folgenden beschrieben.

Umgang mit Gefühlen

Mit schwierigen Situationen und Gefühlen geht Mustafa unterschiedlich um. Eine ganz besondere Rolle spielt für ihn in diesem Zusammenhang die Religiosität.

Mustafa: Ja, mein Vater und meine Mutter haben mir immer gesagt, dass ich beten muss. Ich bete immer noch sehr viel. Meine Mutter hat mir immer gesagt: „Wenn du in einer schlimmen Situation bist, kannst du das mit Gott teilen." Und das hilft mir sehr. Ich bete oft zu Gott und teile ihm jeden Moment mit, dann weine ich auch oft. (M I, Z. 331-334)

Durch Beten und ein inneres Gespräch mit Gott versucht er sich in schwierigen Situationen zu beruhigen. Diesen psychischen Prozess hat er von seiner Mutter gelernt, die ebenso in seinen Erinnerungen beruhigend auf ihn einwirkt und ihm zum Beten rät. Er empfindet die Religiosität als eine große Hilfe.

Im Zusammenhang mit seinen Schlafstörungen beschreibt Mustafa, dass es für ihn eine beruhigende Wirkung habe, den Nachthimmel zu beobachten und mit dem Mond ein inneres Gespräch zu führen.

Stephi: Und gibt es dann etwas, was du machen kannst, was dir dann hilft? Oder, was tust du, wenn du nicht schläfst?

Mustafa: Ja, wenn ich nicht schlafen kann, es ist 3 oder 4 Uhr, weißt du und alle Jungs hier, alle Leute schlafen dann. Manchmal ich gucke Fernseher. (….). Aber, weißt du, hier in Deutschland, ich bin hier alleine und jeden Tag ich gucke immer (...) ich weiß nicht, ich habe vergessen das Wort, nicht die Sonne, was ist am Abend?

Stephi: Du meinst den Mond?

Mustafa: Ja, Mond. Ich gucke immer den Mond, die Sterne. Ja, immer gucken. Ja, zum Beispiel, jeden Abend, ich kann nicht schlafen und dann mache ich auf das Fenster und dann ich gucke den Mond, die Sterne und dann ich denke ein bisschen und dann ich schlafe … Ja, weißt du, wenn ich lange gucke in Mond, all mein Denken ist weg. Weißt du, ein bisschen sprechen mit dem Mond. Weißt du? Weißt du, nicht mit meinem Mund, mit meinem Herz. Ich weiß nicht, wie das heißt auf Deutsch, es ist hier (zeigt mit der Hand auf sein Herz). Dann ich kann schlafen. (M II, Z. 192-209)

Da die Schlafstörungen sowie das ständige Grübeln für Mustafa eine große Belastung darstellen, wurden ihm von seinem Arzt Medikamente verschrieben.

Mustafa: Ich weiß nicht. Ich muss auch immer viel denken. Deswegen, ich viel gegangen zum Arzt, wegen dem Denken. Dann ich habe viel gegessen so Tabletten, das war nicht gut.

Stephi: Du hast vom Arzt Tabletten bekommen, aber die haben nicht geholfen?

Mustafa: Ja, ich weiß nicht warum. Weil früher ich konnte nicht schlafen, bis 4 Uhr, kein Schlaf, bis 4 Uhr morgens ich habe nicht geschlafen und weißt du, ich durfte nur jeden Abend nur eine Tablette essen, aber eine Tablette war nicht gut, ich habe zwei, drei, vier Tabletten gegessen und dann einmal mein Betreuer fragt mich: „Mustafa, wie viele Tabletten hast du gegessen?" Ah, Scheiße, das war nicht gut (lacht), weil wenn man zu viel essen, dann ist man tot.

Stephi: Ja, das kann ganz schön gefährlich werden.

Mustafa: Ja, dann wir sind zusammen gegangen zum Arzt, dann er hat gesagt: „Das darfst du nicht!" Jetzt fertig damit.

Stephi: Jetzt nimmst du keine Tabletten mehr. Und kannst du jetzt besser schlafen?

Mustafa: Nein, jetzt wieder immer bis 4 Uhr morgens wach, seit einem Jahr, immer nur drei, vier Stunden schlafen.

Stephi: Ja, das ist sehr wenig. Reicht dir das? Du bist bestimmt oft sehr müde.

Mustafa: Ja, weißt du, jetzt, ich bin gut, aber am Abend, ich immer sehr müde, aber wenn ich liege im Bett, ich kann nicht schlafen. Weißt du, ich habe nicht viel zu tun, wenn ich nicht viel habe zu tun, dann ich bin nicht müde, kann ich nicht schlafen. Aber ich hatte zwei Wochen Praktikum, ich jeden Tag kommen nach Hause und um 8 Uhr ich gehe schlafen.

Stephi: Und dann konntest du auch schlafen?

Mustafa: Ja, ein Tag, ich habe zehn Stunden geschlafen.

Stephi: Ja, das war auch bestimmt eine anstrengende Arbeit, du warst in einer Autowerkstatt, richtig?

Mustafa: Ja, das war schwer, ja. Ja, weißt du einmal, ich komme hier und dann ich gehe schlafen um 8 Uhr und einmal ein Kollege kommt hier: „Mustafa, Mustafa, wo bist du?" Und dann am Morgen ich gehe runter und er fragt: „Mustafa, wohin gehst du?" „Ja, ich gehe zur Arbeit!" „Aber gestern, du warst nicht im Zimmer! Wo warst du?" „Ja, ich war schlafen!" (lacht).

Stephi: Ja, da haben dich deine Freunde schon vermisst (lacht).

Mustafa: Ja, immer viel schlafen, nur schlafen (lacht). (M II, Z. 153-185)

Mustafa beschreibt die Wirkung der Schlaftabletten als zu gering, so dass sein Verbrauch die vom Arzt verordnete Einnahmemenge weit überstieg und er die Tabletten wieder absetzten musste.

Der ausgewählte Interviewauszug macht zudem deutlich, dass Beschäftigung und Aktivität einen positiven Einfluss auf Mustafas Schlafprobleme haben. Die körperliche Arbeit während seines Praktikums führte dazu, dass er abends erschöpft nach Hause kam und gut schlafen konnte. In Bezug auf seine Freizeit berichtet Mustafa von weiteren Aktivitäten, die gut für ihn seien, wie Theaterspielen und Lesen.

Stephi: Wie sieht dein Leben hier in Deutschland aus? Wie gestaltest du deinen Alltag?

Mustafa: Ich gehe jeden Tag zur Schule, manchmal um 8 Uhr, manchmal um 9 Uhr und dann bis um 15 Uhr am Nachmittag. Dann komme ich nach Hause, lese ein bisschen, mache Hausaufgaben. Ich weiß oft nicht, was ich tun soll und bleibe oft zu Hause. Seit fast drei Monaten nehme ich an einer Theatergruppe teil, das ist einmal die Woche, immer mittwochs.

Stephi: Das ist interessant. Wie bist du dazu gekommen Theater zu spielen?

Mustafa: Ich war zu Hause und mein Betreuer ist zu mir gekommen und hat mich einfach gefragt: „Willst du an einer Theatergruppe teilnehmen?" Mein Betreuer sagte zu mir, dass es da eine Frau gibt, die mit mir reden wollte. Ich fragte, was ich da machen soll und er sagte: „Ja, du musst einfach spielen!" Ich habe dann mit der Frau gesprochen und sie sagte: „Nein, du musst nicht, aber du kannst einfach kommen und spielen, das ist besser als zu Hause zu sitzen." Danach, ich war damit einverstanden und habe teilgenommen. Das ist sehr gut, das tut mir sehr gut. (M I, Z. 258-271)

Eine weitere Strategie, seine Gefühle zu verarbeiten, hat Mustafa im Zeichnen gefunden. Dies dient ihm zum einen als Beschäftigungsmöglichkeit, zum anderen setzt sich Mustafa innerhalb seiner Zeichnungen mit seinen Gedanken und Gefühlen auseinander und kann diese in seinen Bildern zum Ausdruck bringen. Die folgenden Bilder hat Mustafa mir gezeigt und beschrieben, mir seine Intention beim Zeichnen erklärt und sie für die vorliegende Arbeit zur Verfügung gestellt.

Abb. 4: Zeichnung von Mustafa: „Lernendes Mädchen"

In Abbildung 4 ist ein Mädchen dargestellt, welches in einem Buch liest und lernt. Aus dem Buch ragt ein Gewehr heraus. Hier bringt Mustafa zum Ausdruck, dass es Mädchen früher verboten war zu lernen, dies aber heute möglich ist und er mit seinen Schwestern die Schule besuchen konnte.

Abb. 5 Mustafas Zeichnung: „Einsamkeit"

In Abbildung 5 ist ein Junge dargestellt, der alleine am Wasser sitzt und angelt. In diesem Bild drückt Mustafa die von ihm empfundene Einsamkeit und Nachdenklichkeit aus, die er, besonders in der ersten Zeit in Deutschland, empfunden hat.

In Abbildung 6 ist eine Frau zu sehen, die die Hände vor dem Gesicht hält und betet. Sie hält dabei eine Gebetskette. Mustafa beschreibt, dass dieses Bild seine Mutter zeigt, die gerade für ihn und ein baldiges Wiedersehen betet.

Abb. 6 Mustafas Zeichnung: „Mutter"

Trotz der schwierigen Gedanken und Gefühle mit denen sich Mustafa in seinen Bildern auseinandersetzt, ist er um Stärke und Durchhaltevermögen bemüht.

Mustafa: Ich versuche mehr Widerstand zu zeigen, gegen diese ganze Geschichte, gegen diese Unklarheit. Ich versuche stark zu bleiben und stärker dadurch zu werden. Ich möchte, ich wünsche mir stark aus dieser Krise raus zu kommen. Ich gebe nicht auf. Es gibt viele, viele Probleme, aber durch meine Erfahrungen, mein Widerstand ist stärker geworden. (M I, Z. 358-362)

Mustafa: Weißt du, ich habe Mut, ich habe viele Probleme gesehen, aber jetzt ich habe Mut. (M II, Z. 588-589)

Er beschreibt, dass er durch die vielen schwierigen Situationen, die er erlebt habe, stärker geworden sei. Er habe gelernt nicht aufzugeben und er wünsche sich, dass das in der Zukunft auch so bleib.

Soziale (Ein-) Bindungen

Innerhalb der Gespräche wird deutlich, dass neben den eigenen Bewältigungsstrategien, die Einbindung in eine Gemeinschaft und besonders der Kontakt zu Menschen des gleichen Kulturkreises für Mustafa von zentraler Bedeutung sind.

Mustafa: Ja, jetzt habe ich Kontakt mit Allen. Alle Jungs kennen mich, immer: „Hallo Mustafa, hallo!" (lacht). Aber früher, wenn ich hergekommen, ich kann nicht gut die Sprache, kein Deutsch, wenig Englisch, ich konnte nicht kommen in Kontakt mit andere Jungs. Konnte nicht fragen: „He, was ist los?" Ich hatte keine Sprache, aber jetzt ist gut, alle Jungs kommen immer, bisschen sprechen und so.

Stephi: Ja, das hört sich gut an. Vielleicht kannst du mir noch ein bisschen über dein Leben hier im Wohnheim erzählen. Was machst du, beziehungsweise ihr, so zusammen?

Mustafa: Ich bin hier ein Jahr, ein Jahr und ein Monat bin ich hier in Deutschland. Jetzt habe ich viel Freunde hier in Deutschland, viel Kontakt, in der Schule, hier, ja überall. Das ist super für mich. Zum Beispiel, gestern Abend, alle Jungs kommen zu mir, ein bisschen Party machen, weißt du? (lacht)

Stephi: Ja. (lacht)

Mustafa: Ja, wir alle zusammen gegessen, zusammen trinken, bisschen Fernsehen gucken, Musik, ein bisschen tanzen, alle bis 1 Uhr hier gewesen.

Stephi: Bis 1 Uhr habt ihr gefeiert.

Mustafa: Ja, bis 1 Uhr wir haben eine kleine Party gemacht und dann schlafen. Und zum Beispiel heute Abend, ich weiß nicht, ob wir sind hier oder wir gehen nach unten, aber zusammen. Ja, jeder Tag ist für mich gut jetzt. Zum Beispiel, ich koche aus *meinem Land* viel Suppe oder so und dann ein Kollege hat mich gefragt: „Mustafa, kannst du heute kochen Spaghetti aus *deinem Land*?" Ja, kein Problem ich mach. Oder ich koche Reis, alles kein Problem.

Stephi: Du bist also der Koch hier?

Mustafa: Ja. (lacht).

Stephi: Und hast du auch Kontakt zu Deutschen?

Mustafa: Mit Jungs, oder?

Stephi: Egal, zu Jungs oder auch zu Mädchen.

Mustafa: Nein, Mädchen kein Kontakt, nein. Aber mit Jungs, ja. Ja, ich hab Kontakt mit Jungs auch aus Deutschland. Ja, so mit drei, vier, fünf alle kommen aus Deutschland. Ja, zum Beispiel in Facebook ich mache eine Message und mein Kollege schreibt auch eine Message und dann ein Monat oder so später, wir gucken am Hauptbahnhof oder gehen beim Griechen essen. (M II, 114-144)

Er betont, wie in Abschnitt 5.1.3.1 schon beschrieben, dass die Einsamkeit, besonders in den ersten Monaten in Deutschland für ihn sehr schwer auszuhalten gewesen sei. Durch den Kontakt zu Jugendlichen aus seinem Herkunftsland sowie der Verbesserung seiner Deutschkenntnisse war es Mustafa möglich ein soziales Netzwerk aufzubauen, welches er für Gespräche, Freizeitgestaltung sowie alltägliche Aktivitäten wie Kochen nutzen kann. Diese Veränderung beschreibt Mustafa als sehr positiv.

Aktives Handeln

Eine weitere Bewältigungsform zeigt sich in Mustafas Umgang mit strukturellen Belastungen. Dabei ist er in der Lage aktiv Lösungen zu entwickeln.

Mustafa: Ja und ich mag auch sehr Computer. In *meinem Land*, weil mein Papa hatte eigentlich eine gute Lage, ich hatte auch einen Computer, aber jetzt, ich bin nicht in der Lage einen Computer zu kaufen.

Stephi: Ja, klar, das ist teuer.

Mustafa: Ja, aber es gibt eine Bibliothek und da kann ich einen Computer benutzen. (M I, Z. 296-300)

Er berichtet von seinem Interesse für Computer, und dass er aufgrund seiner eingeschränkten finanziellen Ressourcen nicht die Möglichkeit habe sich einen solchen zu kaufen, daher nutze er regelmäßig die öffentlich zugänglichen Computer der Stadtbibliothek.

Außerdem nutzt Mustafa auch die ihm zur Verfügung stehenden institutionellen Ressourcen. Er wendet sich bei Problemen an Lehrer und Betreuer und nimmt an einem therapeutischen Gruppenangebot für Männer aus seinem Heimatland teil.

Umgang mit der Migrationssituation im Aufnahmeland

Außerdem scheint Mustafa in der Lage zu sein, die neuen, teilweise auch fremden Erfahrungen in sein Leben zu integrieren und daraus die positiven Aspekte des Lebens in Deutschland für sich herauszuarbeiten. An mehreren Stellen des Gesprächs vergleicht Mustafa die Lebensbedingungen in Deutschland mit denen seines Herkunftslandes. Er betont dabei, dass seine Familie eine vergleichsweise gute finanzielle und gesellschaftlich anerkannte Lage gehabt habe, er jedoch die verbesserten Bedingungen in Deutschland sehr schätze.

Mustafa: Ja, viele Unterschiede. Weißt du, das Leben hier ist gut. Es gibt Wasser, kein Krieg. *Mein Land* ist nicht sicher, nur Krieg. *In meinem Land* nicht viel Arbeit, nicht so viel Essen, hier ist gut. Für mich, Deutschland ist gut. ... Ja, weißt du, zum Beispiel, Demokratie, hier ist eine Demokratie, in *meinem Land*, keine Demokratie. Für mich kein Problem, das ist gut. Oder, hier, du kannst gucken eine Frau, in *meinem Land*, das geht nicht, du kriegst einen Schlag dann. Hier sind viele Frauen, hier ich habe keine Angst, wenn ich spreche mit einer Frau. Wenn ich gucke für mich, hier ist es gut. In *meinem Land*, es gibt viele Probleme mit Polizei. Weißt du die Polizei in Deutschland ist super gut. In *meinem Land* hast du Probleme, Polizei kommt, gibst du Geld, dein Problem ist fertig (klatscht in die Hände). Aber hier, nein, hier kein Geld. Und auch, es gibt viele Probleme in der Schule oder beim Arzt. (M II, Z. 262-287)

Mustafa bezieht sich bei seiner positiven Betrachtung von Deutschland auf verschiedene Bereiche, wie beispielsweise Frieden, Sicherheit und Gleichberechtigung sowie die Infrastruktur, die Bildungsmöglichkeiten und das demokratische Rechtssystem in Deutschland.

Zukunftsorientierung

Aufgrund der schwierigen Lage in seinem Herkunftsland wünscht sich Mustafa eine Zukunft in Deutschland. Da sein Vater in seiner Heimat einen Autohandel geführt hatte, kennt sich Mustafa gut mit Autos aus und interessiert sich für eine Ausbildung zum Automechaniker. Aus diesem Grund hat er ein freiwilliges Praktikum in einer Autowerkstatt absolviert.

Mustafa: Ja, ich möchte bleiben hier. Weißt du, zum Beispiel, früher in *meinem Land*, ich möchte, ich immer viel lernen, weißt du, immer mein Vater hat gesagt zu mir, meine Brüder, meine Schwestern, immer gesagt: „Mustafa, musst du nicht gehen arbeiten, immer lernen! Immer lernen in Schule und dann später kannst du werden ein Doktor oder Ingenieur." Ja, aber viele Probleme in *meinem Land* und jetzt ich komme hier und ich denke: „Ja, immer viel lernen und dann geht hier gut!" Weißt du früher, wenn ich gucke auf *mein Land*, ich denke: „*Mein Land* ist gut!" Ich gucke nicht auf andere Land. Aber jetzt ich gucke: „Nein, *mein Land* ist nicht gut! Hier ist gut." Weißt du, alle Leute hier sind sehr nett in Deutschland. Ich denke jetzt: „Ich möchte bleiben hier!"

Stephi: Wie stellst du dir hier deine Zukunft vor? Was sind deine Wünsche?

Mustafa: Was ich denke für meine Zukunft? Jetzt ich muss lernen besser Deutsch, dann ich möchte arbeiten und ich möchte haben ein Haus, weißt du, ich möchte nehmen ein Haus, nicht mehr Heim, nur ein kleines Haus, ein Zimmer ist auch gut, aber Heim ist nicht gut, weißt du? Ich gehe in Schule, ein bisschen lernen, dann Ausbildung und dann ich weiß nicht. Ich mag Automechaniker. Ich denke, wenn ich viel lerne, dann ich möchte sein ein guter Mann. Ich denke, ich muss besser lernen die Sprache und viel lernen, ich gerne werden auch ein Doktor oder Ingenieur ... Ja, ja. Weißt du, bist du Doktor, du kannst immer helfen andere Leute. Ja, zum Beispiel, kommt ein Kranker zu dir: „Oh, bist du krank. Ich kann helfen." Und Ingenieur auch wichtig, kannst du machen ein Haus oder neue Straße, alles neu und gut. (M II, Z. 345-372).

Zudem berichtet Mustafa, dass Bildung seinen Eltern immer sehr wichtig gewesen sei und sie sich für ihn den Beruf eines Arztes oder eines Ingenieurs gewünscht hätten. Menschen zu helfen oder die Fähigkeit Häuser zu bauen sind nach Mustafa sehr wichtig und einen dieser Berufe zu ergreifen, stelle auch ein Zukunftswunsch von ihm dar. Außerdem wünsche er sich, durch den erarbeiteten Status, ein anerkannter Mann zu werden.

Mustafa: Ja, weißt du ein bisschen meine Probleme weniger. Zum Beispiel, jetzt, ich kann nicht so gut Deutsch und ich (habe) keine Arbeit, viele Probleme, aber jetzt, neues Leben hier in Deutschland. Jetzt, ein bisschen von meinen Probleme weg, vielleicht später ich kann arbeiten und ein Haus, ein kleines Haus haben und dann ich kann machen eine Ausbildung und alle Leute kennen mich: „Ah, Mustafa ist ein guter Mann. Mustafa ist super!" (lacht). (M II, Z. 379-384)

5.2 Ali

„Ich weiß das, ich werde zufrieden sein, deswegen ich denke positiv!"

5.2.1 Biografischer Hintergrund

Ali ist nach seinen Angaben zum Zeitpunkt unserer Begegnung 16 Jahre alt und stammt aus Westafrika. Er lebte als ältester Sohn mit seinen Eltern und Geschwistern in finanziell guten Verhältnissen. Beide Eltern arbeiteten und die Kinder konnten die Schule besuchen. Seine Kindheit beschreibt er als eine sehr schöne Zeit. Die Bindung zu seiner Mutter ist stärker gewesen, da der Vater viel geschäftlich zu tun hatte, zu beiden hatte er aber ein gutes Verhältnis. Im Alter von 9 Jahren traten jedoch erste Familienprobleme auf. Die Familie väterlicherseits wollte den Vater mit einer weiteren Frau verheiraten. Als dieser sich jedoch weigerte, entwickelte sich ein Familienstreit. Ali zufolge wollte die Familie so Macht über den Vater gewinnen. Er beschreibt diesen Vorfall als Wendepunkt seiner Geschichte:

Ali: „Nach diesen Ereignissen hat sich das Leben von meinem Vater total verändert. Es hat sich im negativen Sinne total verändert. Alles was er vorher immer mit Erfolg gemacht hat, er hatte viel Erfolg, ja und jetzt war alles plötzlich negativ" (Al I, Z. 53-55)[22].

Ali erzählt, dass der Vater daraufhin schwer erkrankte und schließlich verstarb. Nach seinem Tod entstand ein Erbstreit, bei dem die Familie des Vaters Anspruch auf den Familienbesitz erhob und auch durchsetzte. Nach kurzer Zeit erkrankten auch seine Mutter und seine Schwester sehr schwer und starben ebenfalls. Ali berichtet, dass anhand medizinischer Untersuchungen keine Erklärung gefunden werden konnte und betrachtet daher den Familienstreit als Ursache für den Tod seiner Eltern und Schwester[23]. Die Familie mütterlicherseits übernahm die Verantwortung für ihn und die restlichen Geschwister. Es entstanden jedoch finanzielle Schwierigkeiten, weshalb er die Schule abbrechen musste. Ali sah für sich in Afrika keine Zukunft mehr und hoffte für sich eine Perspektive in Europa zu finden. Mithilfe eines Bekannten seines Vaters gelang ihm die Flucht auf einem Schiff über Dänemark nach Deutschland.

Ali ist zum Zeitpunkt unserer Interviews etwas über ein Jahr in Deutschland.

---

[22] Zitate des ersten Interviews (Al I) geben den Wortlaut der Dolmetscherin wieder.

[23] Diese Betrachtungsweise zur Krankheitsentstehung stellt in der afrikanischen Kultur ein übliches Erklärungskonzept dar. Untersuchungsergebnisse der westlichen Medizin fallen negativ aus und bieten daher auch keine Heilungskonzepte. Die betroffene Person ist jedoch ernsthaft krank. Die Erkrankung der Person wird damit begründet, dass Menschen in ihrem Umfeld ihr Schaden zufügen möchten (C. Mala, persönliche Mitteilung, 28.08.2011).

5.2.2 Darstellung und Reflexion des Forschungsprozesses

Der Kontakt zu Ali wurde durch einen Betreuer des Asylwohnheims hergestellt, der mich anrief um mir Ali als möglichen Gesprächspartner für mein Forschungsvorhaben vorzustellen. So verabredeten wir telefonisch für die nächste Woche einen Termin im Wohnheim.

Das erste Treffen fand an einem Mittwochnachmittag in Alis Zimmer statt. Zu Beginn war ein guter Freund von Ali anwesend, der die Rolle des Dolmetschers einnahm. Als dieser jedoch nach einiger Zeit den Raum verließ, unterhielten wir uns auf Deutsch, was mit einigen Einschränkungen gut funktionierte. Nachdem ich mein Vorhaben vorgestellt hatte und wir uns über verschiedene Themen unterhalten hatten, begann Ali mir spontan Ausschnitte seiner Geschichte und seiner aktuellen Lebenssituation zu erzählen. Die Atmosphäre war von Beginn an sehr freundlich und offen und wir verabredeten für die nächste Woche einen Interviewtermin. Dies sollte mit Hilfe einer französischsprachigen Dolmetscherin stattfinden, da Ali befürchtete sich nicht ausreichend ausdrücken zu können.

Insgesamt ergaben sich drei Interviewtermine sowie mehrere telefonische Kontakte. Der Forschungsprozess war geprägt von abwechselnden Phasen der Distanz in Form von Nichteinhaltung der Termine und Nichterreichbarkeit und einer vertrauensvollen Gesprächsbeziehung.

Der erste Interviewtermin fand an einem Samstagnachmittag, einheinhalb Wochen nach unserer ersten Begegnung, in Alis Zimmer statt. Nach einer kurzen Unterhaltung begann Ali mir mithilfe der Dolmetscherin seine Geschichte zu erzählen. Durch die Anwesenheit der Dolmetscherin richtete er sich dabei die meiste Zeit an diese. Das Gespräch dauerte jedoch nur eine knappe halbe Stunde, da die Dolmetscherin plötzlich einen Anruf erhielt und daraufhin das Gespräch abbrach. Ich ärgerte mich darüber. Ali hatte gerade von den Todesfällen in seiner Familie berichtet, was ihn sichtlich belastete. Ich entschied mich daher noch einige Zeit zu bleiben um das Gespräch vernünftig abzuschließen. Es entwickelte sich ein nettes und offenes Gespräch innerhalb dessen er mir u.a. anvertraute, dass sein wahres Alter nicht

16 sondern 23 Jahre wäre. Er betonte dabei, dass er mich sehr nett finden und mir vertrauen würde, daher wollte er mich nicht belügen. Nachdem wir uns verabschiedet hatten, rief mich Ali noch einmal an um mir wiederholt mitzuteilen, dass er unser Gespräch sehr angenehm gefunden hatte und sich schon auf unseren nächsten Termin freue. Ich war zum einen erleichtert, dass die chaotische Situation durch die Dolmetscherin ihn nicht verärgert hatte, zum anderen befürchtete ich, dass an mich Erwartungen herangetragen wurden, die meiner Rolle nicht entsprachen bzw. die ich nicht erfüllen konnte, wie Erwartungen einer Freundschaft.

Das nächste Gespräch sagte Ali aus Krankheitsgründen ab. Daraufhin war er für mehrere Wochen weder telefonisch noch über seine Betreuer zu erreichen. Ich war verunsichert und fragte mich, ob die Gespräche nicht doch eine Belastung für ihn darstellten und Ali sich nun nicht traute mir dies mitzuteilen. Ich begegnete Ali einige Wochen später zufällig im Wohnheim. Er sagte, dass er sich freue mich zu sehen und dass er eine neue Telefonnummer habe, daher hätte ich ihn nicht erreichen können. Er versicherte mir, dass er noch Interesse an einem weiteren Gespräch hätte und wir verabredeten für den nächsten Tag telefonisch einen neuen Termin auszumachen. Jedoch wurde auch dieser Termin von Ali nicht eingehalten. Er hatte den Termin nicht abgesagt und war zunächst wieder nicht erreichbar. Dieses Muster setzte sich im weiteren Forschungsverlauf fort. Nachdem ich Ali einige Wochen später eine SMS geschrieben hatte, rief er mich überraschend an und wollte einen neuen Termin mit mir vereinbaren. Dieser Termin fand wieder in Alis Zimmer im Wohnheim statt. Leider war es mir nicht möglich dieses Gespräch aufzuzeichnen, da Ali befürchtete sein Deutsch würde dafür nicht ausreichen, obwohl die Kommunikation meines Erachtens sehr gut funktionierte. Wir machten daher noch einen weiteren Termin für die nächste Woche aus. Das Gespräch verlief sehr positiv und ich hoffte daher, dass der nächste vereinbarte Termin ohne weitere Zwischenfälle stattfinden würde. Dies war jedoch nicht der Fall und es verstrichen erneut einige Wochen bis Ali sich wieder bei mir meldete um einen neuen Termin auszumachen. Diesen nutzte ich für ein Abschlussgespräch.

Die Betrachtung des Forschungsverlaufs zeigt ein Muster, innerhalb dessen nach jeder Begegnung eine Phase des Kontaktabbruches sowie eine erneute Kontaktaufnahme erfolgten. In den stattgefundenen Begegnungen hingegen erlebte ich Ali als sehr aufgeschlossen und interessiert, so dass die Kontaktabbrüche mir zunächst unverständlich erschienen. Dieses Verhalten könnte, als Reaktion auf den oben genannten Konflikt bezüglich der Grenzen meiner Forscherrolle, gedeutet werden. Innerhalb der Begegnungen und der Gestaltung der Gesprächsmethodik war für mich das Prinzip der Offenheit und der Beziehungsorientierung sehr wichtig. Dies wurde von Ali innerhalb der Gespräche auch eingefordert, in dem er (im Sinne einer natürlichen Gesprächssituation) auch mir konkrete Fragen zu meiner Person stellte. Ich hatte den Eindruck weniger als Forscherin sondern eher als Freundin betrachtet zu werden, was von ihm auch so benannt wurde. Dies führte zu Ambivalenzen meinerseits, die zum einen in dem Wunsch einer authentischen Begegnung bestanden, die im Sinne des Erkenntnisgewinns von mir als wesentlich betrachtet wurde und die zum anderen auch Ängste beinhalteten, Erwartungen zu wecken, denen ich nicht entsprechen konnte. Ali schaffte durch sein Verhalten Distanz, so dass es beinahe zum Abbruch der Forschungsbeziehung kam. Gleichzeitig führte es jedoch auch dazu, dass sich der Forschungsprozess verlängerte und somit intensivierte. In den Gesprächen thematisierte Ali (im Vergleich zu den anderen Gesprächspartnern) offen auch schwierigere Bereiche, wie Drogenkonsum oder Aspekte der Legendenbildung und brachte mir somit ein großes Vertrauen entgegen, was wiederum zu Ängsten geführt haben könnte. So hatte ich den Eindruck, dass das Rückzugsverhalten nach den jeweiligen Gesprächen auch eine Schutzfunktion darstellte und als Ambivalenz zwischen Vertrauen und Misstrauen gedeutet werden kann.

5.2.3 Darstellung der Gesprächsinhalte

Die Erlebens- und Bewältigungsdimensionen, die Ali beschreibt, können nicht immer mit Zitaten belegt werden, da ich auf Wunsch von Ali, sowie aufgrund des Abbruchs des ersten Interviews durch die Dolmetscherin, nicht alle relevanten Gespräche aufnehmen konnte. Daher beziehe ich mich in diesem Ergebnisteil hauptsächlich auf meine Gedächtnisprotokolle der Begegnungen mit Ali. (vgl. Anhang II).

5.2.3.1 Betrachtungsdimension: Erleben

In der Betrachtungsdimension Erleben beschreibt Ali verschiedene Belastungen, die im folgendem dargestellt werden.

Bezug zum Herkunftsland

In Bezug auf seine Heimat berichtet Ali, dass er weder in seinem Heimatland noch in Deutschland die von ihm ersehnte Zufriedenheit gefunden habe. Seine Hoffnungen haben sich bis heute nicht erfüllt.

Ali: Ja, genau. Mein Leben, ich hasse mein Leben in Deutschland und in Afrika auch. (A III, Z. 301).

Zukunftsängste

Außerdem nennt Ali Ängste, die er sich bezüglich der Anforderungen der Schule, die er im nächsten Jahr besuchen wird, mache. Zum Zeitpunkt der Gespräche besucht Ali eine Klasse speziell für Flüchtlinge, soll jedoch nach Beendigung des Schuljahres auf ein Gymnasium gehen und befürchtet, dass er den Leistungserwartungen nicht entsprechen werde.

Äußere Belastungsfaktoren

Neben den Sorgen, die Ali sich über seine Zukunft macht, deutet er während des Interviews Erfahrungen mit Rassismus an, die er jedoch nicht näher erläutert. In seiner Aussage

Ali: Und egal, was die Leute sagen, I am happy to be black! Ich bin zufrieden schwarz zu sein! (Al III, Z. 217-218)

und einer späteren Erwähnung, dass er fürchte, dass die meisten Menschen in Deutschland Rassisten seien, wird die Bedeutung des Themas für ihn sichtbar.

Psychische Belastungsreaktionen

Auf seine Probleme reagiert Ali mit verschiedenen psychischen Belastungsreaktionen. Innerhalb der Gespräche äußert Ali immer wieder eine hohe Unzufriedenheit und Hilflosigkeit, die er jedoch nicht genau spezifizieren kann. Diese Gefühle stellen somit ein Grundgefühl seines Erlebens dar. Als eines seiner Hauptprobleme bezeichnet er den Drang, ständig über alles nachdenken zu müssen. Außerdem berichtet er von Angstgefühlen.

Ali: Manchmal bin ich alleine, ich muss die ganze Zeit weinen und die fragen mich: „Was hast du?" Ich kann mich nicht erklären, ich weiß auch nicht, was ich habe, aber ich habe viel Probleme, aber ich weiß nicht genau, was ist mein Problem, aber ich weiß, dass ich viel Probleme habe. Weißt du? Das ist das. (Al III, Z. 173-177)

Ali: Erst mal, meine freedom. Ja, und ich muss zufrieden sein, ich bin unzufrieden. Aber ich weiß nicht, warum. Ich versuche zufrieden zu sein, aber es geht nicht. Wenn ich mich mit jemand treffe, kann sein ein bisschen Spaß, aber danach, wenn ich wieder alleine bin, dann wieder Stress. Zum Beispiel, wenn ich hier wieder los, ich muss wieder nachdenken. Das ist so, ich weiß nicht warum. Habe ich Angst. (Al III Z. 13-14)

Auf Nachfrage, woher seine Angst stamme, bezieht sich Ali auf einen Vorfall im Wohnheim, bei dem in seinem Zimmer eingebrochen wurde. Er befürchtet, dass sich dies wiederholen oder er ein direktes Opfer werden könne. In seinen Erzählungen wird zudem ein hohes Misstrauen gegenüber seiner Umwelt und seinen Mitmenschen deutlich.

Ali: Alle. Ich habe Angst vor Alle. Ja, richtig, ich habe Angst vor Allen. Die haben mich schon beklaut. Ich weiß nicht wer genau. Deswegen ich habe Angst vor Allen. Ich weiß nicht, wer hat mich beklaut. Wer könnte es sein? Ich weiß nicht. Alle haben Schuld. Ich kann sagen: „Es warst du!" Aber vielleicht nicht er, vielleicht wer anderes, aber ich weiß nicht wer. Dann ich hasse schon Alle, weißt du? Dann habe ich schon Angst vor Allen. Das sind meine Sachen und sie haben es geklaut. Ich habe gekauft mit mein Geld. Das passt nicht. Ist so. Ich vertraue Niemandem. Nein. Ich vertraue Keinem, Niemandem. Ich vertraue nur meinem Herz. Ich vertrau mir selber. Fertig. Ich kann Niemandem 100 Prozent vertrauen. Weil jeder kann Scheiße bauen. Weißt du, dann ich vertrau mir selber. So, dann hab ich Angst vor allen, allen Leuten, die im Wohnheim wohnen. Wenn ich muss da weiter wohnen, dann ich werde immer unzufrieden. Ich weiß nicht. (Al III, Z. 267-277)

In Zusammenhang mit seinen Erlebnissen berichtet Ali zudem von psychischen Symptomen, wie Albträumen, Konzentrationsstörungen und ständigen Kopfschmerzen, die auf eine Traumareaktion hindeuten. Sein Erleben scheint durch ein diffuses Angst- und Unzufriedenheitsgefühl geprägt zu sein, welches er nur schwer konkretisieren kann.

Extra: Probleme der Legendenbildung

Ein weiterer Aspekt betrifft das Problem der Legendenbildung bezüglich seines Alters. Hier beschreibt Ali zum einen den Konflikt, sich den Bestimmungen, die in Deutschland für Minderjährige gelten zu fügen und deshalb in vielen Bereichen nicht altersgerecht behandelt zu werden, zum anderen seinen inneren Konflikt, dass er sich aufgrund der Lüge nicht wohl fühlt und seinen Mitmenschen gerne die Wahrheit anvertrauen würde.

5.2.3.2 Betrachtungsdimension: Bewältigungsformen

Um mit seiner Situation zu Recht zukommen, beschreibt Ali unterschiedliche Bewältigungsstrategien und Ressourcen.

Soziale (Ein-) Bindungen

Bezüglich der Ressourcen in seinem sozialen Umfeld berichtet Ali von einem sehr guten Freund, der vor einigen Jahren selbst im Wohnheim gelebt habe. Die Bindung zu ihm scheint Ali sehr viel zu bedeuten und er bezeichnet ihn sogar als Bruder. Ali berichtet, dass er seine engste Vertrauensperson darstelle und er sich in den Gesprächen von ihm verstanden fühle. Ansonsten hätte er keine weiteren Vertrauenspersonen.

Umgang mit der Migrationssituation im Aufnahmeland

Als Migrant in Deutschland beschreibt Ali verschiedene Aspekte der äußeren Anpassung. Für ihn sei es bedeutsam nach außen einen „guten Eindruck" zu machen, er beschreibt, dass er daher sehr viel Wert auf sein äußeres Erscheinungsbild lege, er kleide sich gut, vermeide Konflikte mit seiner Umwelt und bemühe sich den Erwartungen zu entsprechen. In diesem Zusammenhang nennt Ali auch den Aspekt der gegenseitigen Beratung unter den Jugendlichen, beispielsweise im Rahmen von offiziellen Behördenterminen. Als ein Ergebnis dieser

Beratung kann die Legendenbildung betrachtet werden, die zugleich eine Art der Anpassungsleistung an das Rechtssystems darstellt.

Aktives Handeln

Über seine Lebensbedingungen und die Betreuer im Wohnheim ist Ali sehr frustriert.

Ali: Ja, aber läuft das immer noch nicht. Ich weiß nicht, ich schwör. Und wer kann mir helfen? Niemand. Ich hasse, wo ich wohne. In dem Heim, ich hasse das, aber ich habe keine andere Lösung. Wo kann ich wohnen? Ich muss da sein. Nur, wenn ich 18 bin, dann kann ich eine Wohnung haben. Weißt du, das dauert noch, fast ein Jahr. Das ist ganz schlecht. Ich schaff das nicht, ehrlich. Da zu wohnen? Noch ein Jahr? Ich? Nein! (Al III, Z. 93-98)

Stephi: Was würdest du dir denn wünschen, was sie machen?

Ali: Sie müssen das wissen. Ist nicht meine Hausaufgabe, ist nicht meine Aufgabe. Ich bin ein Kind, weißt du? (lacht). Da. Ich kann nicht sagen, ihr müsst so machen. Das ist ihre Aufgabe. Ich habe die ganze Zeit geredet: „Wo ich wohne, das gefällt mir nicht!" Sie sagen gar nichts. Drei Monate, ich habe die ganze Zeit geredet: „Ich kann nicht schlafen! Ich kann nicht so machen oder so machen!" Aber sie hören das nicht. Egal welches Problem hat ein Kind, das interessiert sie gar nicht. Das ist ganz schlecht. Das geht nicht. Warum soll ich dann noch über das reden? Das läuft nicht. Die müssen wissen, was sie machen sollen. Das geht nicht. Weil, ich habe meinen Plan. Ich gehe, egal wo, zum Stadtamt oder so und da sage ich, was passiert, dass es läuft nicht. Da habe ich einen Betreuer. Nicht im Wohnheim, die arbeiten da nicht. (Al III Z. 122-132)

In Bezug auf die problematische Wohnsituation ist Ali jedoch in der Lage aktiv Problemlösestrategien zu entwickeln, wie beispielsweise sich an seine Betreuer zu wenden oder sich vorzunehmen mit seinem

Vormund zu sprechen. Ali nutzt somit die ihm zur Verfügung stehenden institutionellen Ressourcen. In diesem Rahmen erwähnt er auch, dass er aufgrund seiner psychischen Belastungen eine Psychotherapie macht.

Umgang mit Gefühlen

Ali befindet sich zwar am Anfang der Therapie und sagt, dass diese gut für ihn sei, er empfindet aber auch weiterhin eine große Hilflosigkeit. Es fällt ihm schwer die Ursachen seiner Ängste und Unzufriedenheit, außer in Bezug auf seine Wohnsituation, konkret zu benennen.

Stephi: Und wenn du nachdenkst, denkst du dann mehr an die Vergangenheit oder denkst du an Jetzt oder die Zukunft?

Ali: An Alle. An meine past, meine present und meine Zukunft, ich denke an Alle. Wie ich werde sein (..) keine Ahnung nicht.

Stephi: Du hattest gesagt, dass du bei einem Psychologen warst. Hat er dir angeboten, dass du öfter kommen kannst?

Ali: Ja. Erst mal eine Therapie und dann weiß ich nicht, was dann noch.

Stephi: Aber das kannst du dann bei ihm machen?

Ali: Ja.

Stephi: Warst du schon öfter da?

Ali: Nein, nur zwei Mal.

Stephi: Und wie war das für dich?

Ali: Ist gut, aber wenn man Stress hat, dann läuft nicht gut. Egal, was du machst. Du denkst, das werden gut sein, aber es steht immer noch da, weißt du? Die Schmerzen, das ist im Herz, weißt du? Und im Kopf. Du kannst das nicht vergessen, was du in deinem Leben hast gehabt nicht.

Stephi: Was du erlebt hast.

Ali: Ja, du musst immer nachdenken. Das steht schon da, weißt du? Niemand kann das weg machen. Nur wenn ich zufrieden bin, aber ich bin unzufrieden. Aber wie kann ich das machen? Ich weiß nicht. Das ist ein großes Problem. (Al. III Z. 24-47)

Ali: Ich versuche das nicht zu zeigen und das geht. Aber wenn ich alleine bin, es ist was anderes, total was anderes und ganz schlecht. Ja. Vielleicht ich muss immer ganz aktiv sein, dann kann ich nicht nachdenken. (Al III, Z. 169.171)

Aufgrund der erlebten Hilflosigkeit stellt für Ali der Aspekt der Ablenkung und Verdrängung eine bedeutsame Strategie im Umgang mit seinen Gefühlen dar. In diesem Zusammenhang erwähnt Ali auch den beruhigenden Effekt vom Cannabis-Konsum. Er berichtet, dass es ihm gelegentlich helfe einen Joint zu rauchen, er jedoch darauf achten würde, dass dies nicht zu häufig vorkomme.

Zukunftsorientierung

Bezüglich seiner Zukunft berichtet Ali, dass er sich diese in Deutschland wünsche. Er möchte später eine Familie gründen und eine Arbeit haben, daher nehme er die Schule sehr ernst. Eine genaue Vorstellung dazu habe er jedoch nicht entwickelt, das Wichtigste sei für ihn, dass er Zufriedenheit erlange.

Ali: Ich versuche zu denken immer positiv, aber ich weiß nicht, wie werden das sein.

Stephi: Und kannst du das beschreiben, wie sieht positives Denken aus? Hast du ein Beispiel?

Ali: Positiv ist positiv. Ich weiß das, ich werde zufrieden sein, deswegen ich denke positiv. Ich weiß nicht, wie das sieht dann aus, aber ich weiß, dass ich werde zufrieden sein. Sowieso, ich muss ... ich gebe nicht auf. Ich werde, sowieso, egal was passiert, ich weiß das, irgendwann zufrieden sein.

Stephi: Du spürst das einfach.

Ali: Ja, in meinem Herz. Ja, es ist so. (Al III, Z. 316-330).

Ali betont die Bedeutung des positiven Denkens und der Hoffnung, die seine Bemühungen darstellen nicht aufzugeben. Obwohl er dies zur Zeit nicht empfinden kann, zeigt er sich zuversichtlich, die von ihm ersehnte Zufriedenheit erreichen zu können.

5.3 Amadou

„Im Leben, man muss immer kämpfen!"

5.3.1 Biografischer Hintergrund

Amadou ist nach seinen Angaben zum Zeitpunkt unserer Begegnungen 18 Jahre alt und stammt aus Westafrika. Er berichtet, dass sein Vater kurz nach seiner Geburt gestorben sei. Seine leibliche Mutter habe ihn daher zur Adoption geben müssen, da sie alleine nicht in der Lage gewesen sei, sich um ihn zu kümmern. Er wuchs als Einzelkind bei seiner Adoptivmutter auf, die neben ihrer Tätigkeit als Verkäuferin auf dem Markt stark in der Politik engagiert war. Er beschreibt die

Beziehung zu ihr als sehr eng. Durch ihre politischen Aktivitäten ent-wickelte Amadou ebenfalls ein starkes Interesse für die Politik und trat mit 14 Jahren in die Partei, der auch seine Adoptivmutter angehör-te, ein. Neben der Schule bestimmte die Politik maßgeblich seinen Alltag. Er ging zu den Parteiversammlungen, verteilte Flyer und war an der Organisation von Demonstrationen gegen die bestehende Re-gierung beteiligt, um sich in seinem Land für Freiheit und Demokratie einzusetzen. Dadurch wurde er jedoch bekannter und die Situation wurde für ihn gefährlicher. Amadou berichtet von Festnahmen, Miss-handlungen und Hausdurchsuchungen. Seine Flucht begründet Ama-dou mit der Zuspitzung der politischen Lage. Nach dem brutalen Nie-derschlag einer Demonstration, bei dem er Zeuge von Tod und Gewalt wurde und er nur knapp einer erneuten Verhaftung entkam, flüchtete Amadou zu einem Bekannten ins benachbarte Ausland. Mit seiner Hilfe gelang ihm die Flucht nach Europa.

Zum Zeitpunkt der Interviews ist Amadou nach seinen Angaben ein-einhalb Jahre in Deutschland.

5.3.2 Darstellung und Reflexion des Forschungsprozesses

Nach einem meiner ersten Besuche im Wohnheim rief mich am Abend ein Betreuer an und erzählte mir, dass noch ein weiterer Ju-gendlicher Interesse hätte mich kennenzulernen. Er übergab das Tele-fon an Amadou. Ich war überrascht über seine guten Deutschkenntnis-se und erklärte ihm mein Vorhaben. Er war sofort einverstanden und zeigte sich sehr interessiert an meiner Arbeit. Ich sendete ihm zusätz-lich per E-Mail eine Teilnehmerinformation auf Französisch zu und wir verabredeten einen Termin. In den folgenden Tagen trafen wir uns zufällig im Wohnheim und erkannten, dass wir uns schon einmal, un-gefähr vor sechs Monaten, im Kontext meines Praktikums im thera-peutischen Behandlungszentrum begegnet sind. Ich war damals in der Rolle der Beobachterin bei seinem Erstgespräch anwesend und erinnerte mich noch gut an den positiven Eindruck, den Amadou damals auf mich gemacht hatte. Wir unterhielten uns eine Weile und Amadou betonte immer wieder, dass er gerne bereit sei mir zu helfen und die Idee meines Forschungsvorhabens sehr gut finde.

Im folgenden Forschungsprozess ergaben sich zwei Interviewtermine und mehrere Zwischenkontakte.

Das erste Interview mit Amadou fand an einem Freitagabend in den Räumen des Behandlungszentrums statt. Es war das erste Interview, das ich im Rahmen der Arbeit führte, daher war ich etwas nervös und auch unsicher. Amadou hatte mir einige Tage zuvor per SMS geschrieben, dass er „schon ganz aufgeregt" sei und ich wollte die Situation für ihn möglichst angenehm gestalten. Das Gespräch dauerte ungefähr eine Stunde. Amadou begann sehr schnell von seinen traumatischen Ereignissen, die zu seiner Flucht geführt hatten, zu berichten. Obwohl ich mich innerhalb meiner Vorbereitungen darauf eingestellt hatte, mit Berichten traumatischer Ereignisse konfrontiert zu werden, berührten mich seine Erzählungen sehr. Im Laufe des Gespräches wurden die psychischen Auswirkungen seiner Erfahrungen und Lebenssituation deutlich. Er beschreibt einen hohen Leidensdruck, der von Sorgen und Ängsten geprägt sei. Die Betonung der Belastungen und negativen Aspekte seinerseits wurden womöglich verstärkt durch eine stark ressourcenorientierte Gesprächsführung meinerseits, in der ich insbesondere nach positiven Aspekten seines Erlebens und Gestaltens fragte. Dies wurde mir innerhalb der anschließenden Reflexion bewusst. Die ressourcenorientierte Gesprächsführung ist zum einen in der Themenzentrierung im Sinne meiner Fragestellung begründet, kann aber auch als Abwehrimpuls meinerseits gedeutet werden. Dies spiegelt vielleicht das Bedürfnis wider, eine Art Gegengewicht zu den erschreckenden Erzählungen herzustellen. Mein Vorgehen könnte bei Amadou ein Gefühl des „nicht verstanden werden" erzeugt haben. Interessant war, dass durch kritischere Fragen und ein Einlassen auf die traurige Geschichte meinerseits, seine Antworten deutlich positiver ausfielen. Insgesamt empfand ich Amadou als einen sehr intelligenten und reflektierten Menschen, der versucht sich die Geschehnisse rational zu erklären. Gleichzeitig spürte ich jedoch auch eine große

Hilflosigkeit. Während des Gesprächs kam mir immer wieder der Begriff: „Kleiner Erwachsener" in den Sinn.

Ungefähr zwei Wochen später rief ich Amadou an, um mit ihm einen Termin für ein zweites Interview zu verabreden. Innerhalb des Gespräches erzählte er mir, dass er gerade eine Wohnung suche, da er vor kurzem volljährig geworden sei und nun aus dem Wohnheim ausziehen müsse. Aus diesem Grund bat er mich um Hilfe. Ich sagte zu, ihn zu einem Vorstellungstermin bei einer Wohnungsbaugesellschaft begleiten zu können. Zu diesem Zweck trafen wir uns insgesamt zwei Mal und ich erhielt einen direkten Einblick in die strukturelle Benachteiligung, der Asylsuchende ausgesetzt sind. Es zeigte sich, dass es für Menschen ohne gesicherten Aufenthalt sehr schwer sei eine Wohnung zu bekommen. In diesem Rahmen beeindruckte mich sehr, dass Amadou nicht aufgab und immer nach neuen Möglichkeiten suchte, auch wenn die Situation sehr schwierig aussah. Er bedankte sich dafür mehrmals und ich spürte, dass es ihm ein wenig unangenehm war auf Hilfe angewiesen zu sein.

Das an mich herangetragene Anliegen stellte eine Veränderungen der Rollenerwartungen sowie eine Grenzüberschreitung der Forschungsbeziehung dar. In diesem Moment hatte ich den Eindruck, von Amadou weniger als Forscherin sondern eher als Sozialarbeiterin betrachtet zu werden. In der Situation erschien es mir jedoch selbstverständlich, dies anzunehmen. Eine Erklärung für die Grenzüberschreitung der Forschungsbeziehung von meiner Seite aus, könnte meine Arbeit als Straßensozialarbeiterin in der Jugendhilfe sein. Innerhalb dieser Tätigkeit unterstütze ich Jugendliche in verschiedenen Lebenslagen, was eben auch eine Begleitung zur Wohnungsbesichtigung beinhalten kann. Das Setting, in dem ich mich mit Amadou befand, ähnelte stark dieser Tätigkeit, was zum Verschwimmen der Grenzen geführt haben könnte. Außerdem löste die strukturelle Benachteiligung, der Amadou durch seinen Aufenthaltsstatus ausgesetzt ist, in mir altruistische Gefühle aber auch Hilflosigkeit, Ohnmacht und Wut aus, denen ich durch aktive Handlung zur Unterstützung begegnet bin.

Ungefähr drei Wochen nach dem ersten Interview trafen wir uns wieder in den Räumen des Behandlungszentrums für einen zweiten Interviewtermin. Die Stimmung war entspannter als beim ersten Mal, was sicherlich zum einen daran lag, das wir uns besser kannten sowie an den Gesprächsthemen, die sich im Wesentlichen auf die Gegenwart bezogen und stark gesellschaftlich und politisch geprägt waren.

Innerhalb des zweiten Interviews sowie der Zwischenkontakte fielen mir immer wieder Amadous hohe Motivation und starkes Engagement sowie seine Tendenz zu rationalen Erklärungsversuchen auf. Er sprach davon, er wolle sich verschiedenen politischen Gruppen anschließen, eine Arbeit finden, um die Nachhilfe für die Schule zu finanzieren, einen Englischkurs besuchen und mehr Freizeitangebote nutzen, um soziale Kontakte zu knüpfen. Er erschien mir fast ein wenig zu ehrgeizig. Ich hatte den Eindruck einer (drohenden) Überforderung und interpretierte dies als Amadous Bedürfnis nach Erklärung und Kontrolle.

Kurz nach unserem letzten Treffen begegnete ich Amadou zufällig im Wohnheim. Ich war in Begleitung einer Dolmetscherin und wollte eigentlich ein Interview mit Ali führen, der jedoch nicht da war. Als ich Amadou begrüßte, hatte ich den Eindruck, dass ihm die Situation unangenehm war und er verabschiedete sich schnell. Ich wunderte mich noch darüber, als die Dolmetscherin mir schließlich berichtete, dass sie Amadou kennen würde, jedoch nicht aus der Flüchtlingsarbeit, sondern aus dem universitären Rahmen. Nach ihrer Aussage sei Amadou schon vor mehreren Jahren nach Deutschland gekommen um hier zu studieren. Dies hätte er jedoch nicht geschafft und hätte daher das Land wieder verlassen müssen. Die Gründe, warum eine Rückkehr für ihn nicht möglich gewesen sei, waren ihr nicht bekannt, sie vermutete jedoch, da sie selber aus Afrika stammte, dass ihm in dem Falle eine soziale Ausgrenzung drohen würde: „Wenn ein Afrikaner nach Europa geht, egal auf welchem Weg, dann stellt er für viele Menschen eine große Hoffnung dar. Sie haben oftmals in ihn investiert und er darf nicht mit leeren Händen zurückkehren". Nach ihrem Kenntnisstand sei Amadou schon über 30 Jahre alt und habe sich, um sicher zu stellen, dass er weiter das Bildungssystem nutzen kann, als minderjährig ausgegeben. Somit habe er für sich den Weg gewählt, seine Identität aufzugeben und eine Flüchtlingsbiografie anzunehmen. In meiner ersten Reaktion war ich schockiert. Ich fühlte mich ziemlich naiv. Gleichzeitig war ich wütend darüber, sehr wahrscheinlich belogen worden zu sein und fragte mich, wie ich innerhalb meiner Forschungsarbeit damit umgehen sollte. Da ich die Dolmetscherin auch aus meiner Tätigkeit in dem erwähnten Behandlungszentrum und auch darüber hinaus kannte, hielt ich ihre Aussagen für realistisch und beschloss ihr zu vertrauen. In dem folgenden Prozess setzte ich mich mit Amadous Geschichte, den möglichen Hintergründen und Bedingungen, die ihn dazu veranlasst haben könnten eine neue Identität anzunehmen, auseinander. Mein anfänglicher Ärger entwickelte sich zu einem Verständnis, bis hin zu Wut gegenüber dem politischen System, dessen rechtliche Bedingungen dies förderten. Ich beschloss mich mit Amadou noch einmal zu treffen. Die Motivation dazu lag zum einen in meinem Forschungsinteresse begründet, zum anderen war es mir auch wichtig ihm zu vermitteln, dass er durch mein Wissen über seine vermeintlich echte Identität keine Konsequenzen zu befürchten hätte. Ich vermutete, dass ihm bewusst sein musste, dass die Dolmetscherin mir ihr Wissen mitgeteilt hatte. Innerhalb des Gespräches blieb Amadou jedoch bei seiner bisherigen Geschichte. Er erzählte mir, dass es ihm schon einmal passiert sei, mit jemand anderem verwechselt worden zu sein. Da ich Amadou nicht unter Druck setzen wollte, nahm ich dies so an. Mir war bewusst, dass es ihm wahrscheinlich zu gefährlich erschien mir zu vertrauen. Gleichzeitig fühlte ich mich wie eine Anklägerin oder Staatsvertreterin und empfand Schuldgefühle ihn durch die Situation zu belasten.

Die Annahme, dass es sich in der Geschichte von Amadou um eine Legendenbildung handelt, basiert auf den Aussagen der Dolmetscherin. Mir ist bewusst, dass es dafür keine „Beweise" gibt, dennoch habe ich Anlass dazu ihr zu vertrauen. Obwohl ich Amadous Hintergrund nicht kenne und nur mutmaßen kann, möchte ich betonen, dass sich dennoch eine subjektive Not hinter seiner Geschichte verbergen kann. In jedem Fall steht dies exemplarisch für die Situation vieler Menschen, die rechtlich nicht den Kriterien des „idealen Flüchtlings" entsprechen (vgl. Abschnitt 6).

5.3.3 Darstellung der Gesprächsinhalte

5.3.3.1 Betrachtungsdimension Erleben

Im Folgenden möchte ich die von Amadou *erzählten* Erlebensaspekte, trotz des Problems der Legendenbildung und im Hinblick auf die subjektive Not, die sich hinter seiner Geschichte verbergen könnte, darstellen.

Bezug zum Herkunftsland

Bezüglich seiner Heimat berichtet Amadou von großen Sorgen um seine Adoptivmutter. Es mache ihn sehr traurig nichts über ihren Verbleib zu wissen.

Amadou: Naja, das ist alles zufällig gekommen. Jetzt ich habe keinen Kontakt zu ihr. Ich weiß nicht, ob sie ist gestorben oder ob sie immer noch lebt. Jeden Tag ich muss auch darüber nachdenken. Ja, mein Leben, das ist jetzt sehr schwer. Aber ich möchte das eigentlich nicht so sagen, weil niemand ist daran schuld. Ich meine, ich habe die Verantwortung für mein Leben. Aber trotzdem, jeden Tag ist sehr schwer für mich, ja, sehr schwer. Und jeden Tag ich muss darüber nachdenken und an meine Adoptivmutter denken, denn sie war alles für mich. Ich habe immer zu Gott gebetet, denn sie ist, wie meine Mutter. Wenn ich daran denke, dass macht mich sehr, sehr, sehr traurig. Ich weiß einfach nicht, ob sie lebt oder ob sie gestorben ist. (A I, Z. 208-216)

Amadou: Ja, aber die Zukunft in Deutschland, daran kann ich nicht denken. Aber an Zuhause, ja, wenn erst mal alles wird gut laufen, wenn es wird gut laufen, dann kann ich sagen, okay jetzt in *meinem Land*[24] ist es besser und dann kann ich zurückgehen. (A I, Z. 330-332).

Außerdem betont Amadou, dass sein Aufenthalt in Deutschland nicht geplant gewesen, bzw. nur durch die politische Lage seines Heimatlandes begründet sei und er, sobald es diese zulasse, wieder zurückkehren möchte.

Zukunftsängste

Neben der Sorge um seine Adoptivmutter und die politische Lage in seinem Herkunftsland ist Amadous Erleben stark von Unsicherheitsgefühlen bezüglich seiner Zukunft geprägt. Er erwähnt an mehreren Stellen der Gespräche, dass es ihm aufgrund seines unsicheren Aufenthaltsstatus nicht möglich sei, langfristige Pläne und Perspektiven zu entwickeln.

Amadou: Ja, ich kann mir nicht helfen. Ich meine, meine Situation hier, ich bin Asylbewerber und mein Aufenthalt ist einfach unsicher, weil mein Asyl ist abgelehnt. Ich habe deswegen jetzt so mit Anwalt zu tun. Ich kann gar nicht planen. Ich kann morgen eine Abschiebung bekommen und jetzt ich kann gar nicht planen, das kann ich nicht. Ich lebe nur Tag für Tag. (A I, 253-257)

---

[24] Der Name des Herkunftslandes wurde anonymisiert. Veränderungen dieser Art sind im Folgenden *kursiv* dargestellt.

Amadou: Ich glaube, dass die Zukunft wird immer schlecht sein. Ich meine nicht nur für mich, sondern für die ganze Welt. Wenn du dir die ganze Welt anschaust, da gibt's immer Krankheiten, immer Krieg, da gibt's bis jetzt noch keine Freiheit, die Leute haben keine Freiheit. Ich denke es wird immer schlimmer sein.

Stephi: Du meinst auf die ganze Welt bezogen?

Amadou: Ja, auf der ganzen Welt, für die ganzen Leute. Wenn du schaust der Tsunami in Japan, der Krieg in Nordafrika, Afghanistan, Irak. Und in Afrika, die Leute leiden immer an Hunger, es gibt nicht so viel zu essen. Bis jetzt, was wurde bis jetzt gemacht, ich denke es kommt immer schlimmer. Sehr viel schlimmer, ja und das macht mich auch sehr nachdenklich. (A I, Z. 380-389)

Außerdem wird deutlich, dass dieses Unsicherheitsgefühl sich nicht nur auf seine persönliche Zukunftsplanung bezieht, es scheint auf sämtliche Bereiche, wie die Zukunft der Welt, generalisiert zu sein.

Äußere Belastungsfaktoren

In den Gesprächen zeigt sich, dass besonders der Aspekt der sozialen Isolation für Amadou von hoher Bedeutung ist. Er berichtet, dass er weder in die Gemeinschaft der anderen jugendlichen Flüchtlinge des Wohnheims noch in der Schule integriert sei und auch sonst über keine engen Freundschaften verfüge.

Amadou: Man kann hier nicht von heute auf Morgen eine Freundschaft aufbauen, deswegen, ich bin hier die ganze Zeit immer alleine, so. Ich kann nicht sagen, ich meine ich habe keine Freunde hier. Ich kann nicht von heute auf Morgen jemandem vertrauen, eine Freundschaft braucht viel Zeit. (A I, Z. 190-193)

Er begründet dies zum einen mit fehlenden gemeinsamen Interessen, Erfahrungen und Zielen, zum anderen betrachtet er kulturelle Unterschiede und auch Rassismus als Ursache.

Amadou: Ja, aber mit den Leuten hier, ich habe nicht so viel Kontakt zu den Leuten hier, weil es ist für mich sehr schwierig Kontakte zu finden, wenn du ein Ausländer bist. Weil, wenn jemand hat noch nicht viel mit Ausländern erlebt, dann ist es sehr schwierig, für ein Ausländer mit ihm in Kontakt zu kommen. Deswegen es ist sehr schwierig für mich hier Kontakt zu haben.

Stephi: Wie meinst du das genau? Meinst du die Unterschiede oder welche Schwierigkeiten gibt es?

Amadou: Ja, es gibt auch große Unterschiede. Zum Beispiel das Essen oder alles, so wie die Leute die Dinge machen müssen. Das kommt nicht alles automatisch hier. Ich meine, ich habe kein Problem hier, ich hoffe das wird langsam, langsam alles kommen hier. Ja, man muss sich erst mal an alles gewöhnen, weil, wenn du mit jemandem redest, der wie du mit Ausländern arbeitet, das ist ganz anders, weil wenn jemand gar keinen Kontakt mit Ausländern hat, dann ist das alles ganz anders, schwierig. Jemand, der keinen Kontakt mit Ausländern hat, der ist ganz vorsichtig, so dass du keinen Kontakt mit ihm haben kannst … Ja, meine Erfahrungen. (…). Ja, es gibt viel Kontakt, aber er ist sehr schwierig. Zum Beispiel, wenn du jemanden auf der Straße ansprichst, er ist sehr zurückhaltend, er will nicht so viel sprechen oder er sagt ich will keinen Kontakt, oder so, ja. Ja, sie sagen, es hat nichts zu tun mit deiner Hautfarbe, sondern es ist ein persönlicher Grund, ja. (A II, Z. 26-47)

Amadou: Zum Beispiel, wenn du jemanden kennen lernen möchtest, ein Mädchen kennen lernen, sie denkt schon, dass ich über sie einen Aufenthalt brauche, verstehst du? … Sie denkt, du hast keine Hoffnung hier. Wenn ein schwarzer junger Mann ein Mädchen kennen lernt, sie denkt, dass du keine Hoffnung, keine Zukunft hast. Es ist schwierig. Ich weiß nicht, ob du das verstehst? (A II, Z. 318-324)

Besonders den Kontakt zu Mädchen erlebt Amadou als erschwert, wofür er wiederum seine Herkunft bzw. Hautfarbe als Begründung annimmt.

Amadou: Ja genau. Also, wenn alles nicht so gewesen wäre, ich wäre immer glücklich gewesen. Ich meine, in der Schule, die Schüler sind sehr glücklich und das fehlt mir so. Weil, bei meiner Adoptivmutter ich bekomme alles, was ich mir wünsche, aber jetzt ich kann das nicht bekommen, weil, wie sagt man, ich habe jetzt nicht diese Möglichkeit, was die anderen Kinder bekommen, ich kann das nicht bekommen und jetzt sind meine Freizeit und meine Wünsche sind begrenzt. (A I, Z. 337-342)

Als zusätzliche Belastung beschreibt Amadou das Gefühl in seinen Wünschen und Möglichkeiten, vor allem aufgrund seines Aufenthalts-status, eingeschränkt zu sein.

Psychische Belastungsreaktionen

Neben den äußeren Belastungen berichtet Amadou von verschiedenen psychischen Belastungssymptomen, wie Ängsten, Flashbacks, Alb-träumen, Kopfschmerzen, Hoffnungslosigkeit, generalisiertem Pessi-mismus bezüglich der Zukunft und Erschöpfungszuständen, die unter dem Aspekt „Traumafolgen" zusammengefasst werden können.

Amadou: Ich hatte große Angst, ich habe immer noch die Angst. Ich muss immer schlecht träumen. Deswegen ich bin auch in Therapie. Denn sowas, sowas kann nicht von heute auf Morgen einfach wegge-hen, diese Angst, jeder Tag ist für mich schrecklich. Diese Angst ist immer noch in meinem Herzen, immer noch. Ich muss immer schlecht träumen, in der Nacht, ich kann nicht schlafen, ich habe Kopfschmer-zen. Jeder Tag ist gleich schlimm. Denn wenn du hast so viel gesehen, das ist sehr schwer. Das ist, ich meine, bis jetzt ist das noch nicht ge-endet und jeden Tag ich muss das immer noch erleben hier. (A I, Z. 134-140)

Amadou: Ja, manchmal, wenn ich so denke, ich habe dann keine Lust zu leben. Weil, ich bin so jung und ich habe so viel erlebt und ich habe dann einfach keine Lust, ehrlich, zu leben, ja, wenn ich das alles so sehe, ich will einfach meine Ruhe haben, ja. (A I, Z. 391-393)

Diese schwierigen psychischen Zustände belasten Amadou sehr, weswegen er sich in psychotherapeutischer Behandlung befindet. Er beschreibt, dass er es sehr bedauere, als junger Mann so viel Belastendes erlebt zu haben und wünsche sich manchmal nicht mehr zu leben, seine Ruhe zu haben.

Extra: Probleme der Legendenbildung

Amadou äußert an verschiedenen Stellen der Gespräche das Problem, durch seine Flucht Zeit verloren zu haben. Er besucht in Deutschland die neunte Klasse des Gymnasiums, hätte jedoch in seinem Herkunftsland schon das Abitur absolvieren können.

Amadou: Positiv kann ich nicht sagen. Bei mir ist alles negativ. Weil dieser Krieg, der hat mich einfach so zurückgeworfen. Weil in *meinem Land* ich wäre schon in die Uni gegangen. Und hier ich bin noch mal zurück gegangen. Dieser Krieg hat mich zwei oder drei Jahre zurückgeworfen. Ich habe zwei oder drei Jahre verloren. (A I, Z. 348-351)

Unter der Einbeziehung der Informationen der Dolmetscherin ist Amadou vermutlich über 30 Jahre alt und hatte in Deutschland bereits studiert. Unter diesem Aspekt kommt der Thematik eine erhöhte Bedeutung zu, da das Gefühl des Verlustes von Lebenszeit für ihn, unabhängig von der Legendenbildung, real ist.

5.3.3.2 Betrachtungsdimension Bewältigungsformen

Wie Amadou diese schwierige Situation bewältigt und welche Ressourcen ihm zu Verfügung stehen wird im Folgenden dargestellt.

Umgang mit Gefühlen

Ein Aspekt der emotionalen Bewältigung äußert sich bei Amadou in seinem Glauben an Gott.

Amadou: Ja, ich glaub an Gott. Aber manchmal ist es schwer. Weil, wenn du leidest und das Leben ist sehr schwer und manchmal es gibt keine Hoffnung. Aber ich glaube immer an Gott, ja das ist wichtig, ja. Ich habe dann Hoffnung, dass sich das einfach alles verändert, dass sich mein Leben kann sich verändern, aber ich weiß nicht wann und wo. (A I, Z. 359-362)

Amadou: Ja, Hoffnung bekomme ich zum Beispiel, wenn ich an Gott denke, dann denke ich, dass es Hoffnung gibt, dass es eine Zukunft geben könnte. (A II, Z. 334-335)

An verschiedenen Stellen der Gespräche erwähnt Amadou, dass er regelmäßig bete und ihm der Glaube an Gott Hoffnung, Mut und die Kraft gebe, weiter zu machen.

Neben dem Glauben an Gott ist für Amadou sehr wichtig nicht aufzugeben und Stärke zu zeigen.

Amadou: Im Leben, man muss immer kämpfen. (A II, Z. 536)

Amadou: Ja, wenn du ein bestimmtes Niveau erreicht hast, wenn du auf diesem Niveau bist, du kannst nicht mehr zurück. Alle Leute wissen, du bist bei dieser Partei. Du hast die Flyer verteilt, du hast die Leute motiviert, dann du kannst nicht mehr zurück gehen, du hast alle motiviert. Wenn du jetzt zurück gehst, die Leute denken, du hast sie betrogen. Die Leute hatten keinen Mut, aber du hast ihnen Mut gegeben. Du hast gesagt: „Ihr müsst weiter machen!" Das hat mich auch sehr motiviert. Mein Leben war sehr gefährlich, war in Gefahr, die Polizei kannte mich schon, sie konnte Morgen nicht sagen: „Du bist mein Freund!" Ich konnte nicht mehr zurück, ich musste weitermachen, deswegen habe ich weitergemacht. Ich wollte das nicht lassen. Ich werde immer weitermachen, ja.

Stephi: Und die Unterstützung, die Motivation, die du brauchtest, von wem hast du die bekommen?

Amadou: Ja, meine Adoptivmutter, sie hat mir sehr geholfen. Ohne sie, ich hätte das nicht machen können. Sie war immer da für mich. Sie hat immer weiter gemacht, sie hat immer gekämpft. Im Leben, man muss immer kämpfen. (A II, Z. 523-536)

Diese Einstellung begründet Amadou mit den Erfahrungen seiner Vergangenheit, in denen er schon früh gelernt habe mit Schwierigkeiten und Gefahren umzugehen. Seine Adoptivmutter ermöglichte es ihm, die dazu benötigte Energie zu entwickeln und sei ihm dabei ein großes Vorbild gewesen.

In den Gesprächen zeigt sich außerdem, dass Amadou im Umgang mit belastenden Gefühlen sehr reflektiert und um rationale Erklärungen bemüht ist.

Amadou: ... wenn du in eine Disco gehen willst, du kannst als Schwarzer oft nicht gehen. Aber ich sage immer, das ist nicht nur Rassismus, weil vielleicht ein Ausländer davor hat etwas Schlechtes gemacht, dann sie wollen nicht mehr, dass Ausländer da rein gehen, sie wollen sie dann nicht mehr lassen. Ich persönlich finde das auch gut, weil es geht nicht um Rassismus, sondern es geht um das, was der Ausländer vor dir gemacht hat. Wir bezahlen jetzt diesen Fehler. (A II, Z. 104-110)

Wie oben beschrieben, leidet Amadou sehr unter den von ihm gemachten Rassismuserfahrungen. In der Auseinandersetzung mit der Thematik versucht er die Ursachen dafür zu verstehen und ist somit in der Lage, Distanz zu seinen Gefühlen zu schaffen.

Soziale (Ein-)Bindungen

Bezüglich der Ressourcen im sozialen Umfeld berichtet Amadou von Bemühungen um soziale Kontakte, die jedoch bis jetzt wenig erfolgreich gewesen seien. So erzählt er etwa davon, wie er andere Personen, unter anderem Mädchen, auf der Straße oder im Zug angesprochen oder auch eine Anzeige aufgegeben habe, um eine(n) SprachpartnerIn zu finden.

Stephi: Ja, genau. Was sind deine Erfahrungen im Kontakt mit Deutschen?

Amadou: Ja, meine Erfahrungen. (…). Ja, es gibt viel Kontakt, aber er ist sehr schwierig. Zum Beispiel, wenn du jemanden auf der Straße ansprichst, er ist sehr zurückhaltend, er will nicht so viel sprechen oder er sagt ich will keinen Kontakt, oder so, ja. Ja, sie sagen, es hat nichts zu tun mit deiner Hautfarbe, sondern es ist ein persönlicher Grund, ja.

Stephi: Da wurde dir auch mal so gesagt?

Amadou: Ja, das wurde mir so gesagt, ja. Er findet mich ganz nett ja, aber er wollte sich nicht mehr mit mir persönlich treffen, ja. Das geht um eine persönliche Entscheidung.

Stephi: Das war in der Schule, oder woanders?

Amadou: Das war mal im Zug. In der Schule, es ist anders, ich habe kein Problem in der Schule, aber wir haben nicht die gleichen Probleme in der Schule, die Unterschiede sind ein bisschen groß, wir haben nicht die gleichen Ziele, nicht den gleichen Weg. Das ist, wie bei mir Zuhause im Wohnheim, wir sind ganz verschiedene Leute. Da gibt es die Leute, die zum Sprachkurs gehen, die anderen gehen zur Berufsschule, manche gehen zur Realschule, aber ich bin der einzige, der zum Gymnasium geht. Das liegt nicht nur an mir, aber es gibt keine Basis dabei. Weil, wenn wir uns treffen, wir sagen: „Hallo! Hallo!" Aber gibt keine richtige Freundschaft, das geht nicht, weil es gibt nicht so viel Zeit und es gibt nicht so viel zu reden, ja, weil ich muss viel für die Schule tun. Wenn es jemanden geben würde, der auch aufs Gymnasium geht, das wäre ein gleicher Weg. Weißt du was ich meine? (A II, Z. 44-62)

Trotz seiner Bemühungen habe er aber das Gefühl, dass es schwierig sei Freundschaften zu schließen. Die Kontakte seien oberflächlich.

In Bezug auf die sozialen Kontakte innerhalb des Wohnheims scheint es ihm sogar wichtig zu sein, sich gegenüber den anderen Flüchtlingen bewusst abzugrenzen.

Amadou: Ja, ich bin zufrieden, mit dem was ich habe, aber manchmal (...). Viele sind aber nicht zufrieden hier. Viele Leute sind gekommen wegen Geld oder so und manche Leute sind gekommen wegen Asyl. Deswegen habe ich gesagt, es gibt unterschiedliche Probleme, wir haben nicht die gleichen Probleme hier. Verstehst du?

Stephi: Ja, ich denke schon.

Amadou: Ja, aber ich bin gekommen, wegen meinem Asyl. Europa war für mich kein Plan. Wenn es Morgen wieder alles gut läuft, ich werde wieder zurück gehen in mein Land. Aber viele Leute sind gekommen wegen Geld, sie denken in Europa gibt es so viel Geld und sie denken, wenn ich nach Europa komme (…) und das macht sie total depressiv und dann sie verkaufen Drogen und so halt. Ich meine ich bin auch Ausländer, ich wollte nicht so schlecht über Ausländer reden, aber ich habe das schon so viel gesehen.

Stephi: Du meinst, es sind viele auch sehr enttäuscht, weil sie andere Erwartungen an Europa hatten?

Amadou: Ja, so viele Erwartungen. Sie denken, dass Europa ist ein Eldorado. Ich habe mal so ein Buch gelesen, das hat mir jemand gegeben und das hat mir ein bisschen weh getan, aber es war auch lustig. In dem Buch, jemand ist nach Europa gekommen, die Eltern haben alles verkauft in Afrika um ihm Europa zu schenken und dann ist er hergekommen und er war total enttäuscht. Das ist für viele schon so, ja. (A II, Z. 243-260)

Zum einen befürchtet Amadou einen schlechten Einfluss seitens der anderen Flüchtlinge in Bezug auf Kriminalität oder Drogenkonsum, zum anderen möchte er damit deutlich machen, dass er sich z.B. im Hinblick auf die Fluchtmotive tatsächlich von ihnen unterscheidet.

Umgang mit der Migrationssituation im Aufnahmeland

Über die Notwendigkeit von Integrationsbemühungen, spricht Amadou sehr reflektiert.

Amadou: Ja, das ist ja so mit der Kultur, das kann nicht sofort alles kommen, das braucht Zeit hier. Ich finde es sehr wichtig für jemanden, der nach Deutschland kommt, sich zu integrieren. Integration gehört zu der Kultur. Man muss die Leute kennen lernen, man muss viel lernen um zu wissen, wie das alles hier geht, ja. Und sonst ja, ich habe kein Problem mit der Kultur hier. Ich schaue z.b. viel Fernsehen und versuche hier meine Erfahrungen zu machen. Ich versuche richtig in diese Kultur zu gehen und diese Sprache hier zu lernen. Sprache und Kultur, das gehört auch zusammen. Diese Sprache ist auch sehr wichtig für mich. (A II, Z. 19-26)

Sich mit der bestehenden Kultur der Mehrheitsgesellschaft auseinanderzusetzen, sich ihr anzupassen und besonders dessen Sprache zu lernen, sei für ihn von hoher Bedeutung.

Zudem betont er an mehreren Stellen des Gesprächs seine Wertschätzung gegenüber der Situation in Deutschland.

Amadou: Ja, vor allem in der Schule. Die Schule ist ganz anders, weil es gibt hier so viele Möglichkeiten zum Beispiel, so viele Experimente in Biologie oder in Physik, diese Möglichkeiten hatte ich nicht in Afrika. Bibliotheken zum Beispiel, Computer zum Beispiel. Von dieser Seite, ich bin total glücklich hier, dass ich nach Europa gekommen bin. Es gibt so viele Möglichkeiten, was du in deinem Leben erreichen kannst, du kannst erreichen, was du möchtest. Es gibt so viele Bücher, du kannst immer ins Internet und dich informieren, weil bei uns, du musst immer ins Internetcafe gehen und bezahlen und dieses Geld

hatten wir nicht und hier, in der Schule, alle Bücher wurden uns gegeben und in Afrika musst du das immer alles bezahlen, ja. Manchmal
gibt es auch Glück in Afrika, aber wenn man kein Geld hat, man kann
nicht in die Schule gehen und hier die Schule ist frei, sie ist kostenlos,
man kann einfach gehen. Für diese Möglichkeit, ich bin darüber total
froh. (A II, Z. 119-129)

Dabei bezieht er sich besonders auf Aspekte des Bildungssystems,
rechtlicher Möglichkeiten sowie der Demokratie.

Aktives Handeln

Neben seinen Integrationsbemühungen zeigt sich in den Gesprächen,
dass Amadou sehr gut über seine rechtliche Situation informiert und in
der Lage dazu ist, die bestehenden institutionellen Ressourcen, wie
Therapieangebote, das pädagogische Personal oder auch Informati-
onszentren im Hinblick auf seine Bedürfnisse zu nutzen.

Amadou: Ja, ich meine ich rede da, wo es wichtig ist. Ich weiß, wo ich
reden kann. Mein Therapeut hat zum Beispiel für einen Brief geschrieben, dass ich eine Wohnung bekommen kann. Und in dieser
Therapie habe ich dann auch viel geredet.

Stephi: Und hilft dir das?

Amadou: Ja, mit dieser Therapie bin ich total zufrieden, ja. Ich fühle
mich ein bisschen besser als vorher. Das hat mir sehr viel geholfen.
Ohne diese Therapie, es würde mir viel schlechter gehen. Jetzt ist alles
ein bisschen besser geworden, ja das ist ganz gut. (A II, Z. 607-613).

So konnte er mithilfe eines Schreibens seines Therapeuten erreichen,
dass er auch über seinen 18. Geburtstag eine Nachbetreuung erhält.
Dadurch hat er einen Anspruch auf eine eigene Wohnung und muss
nicht in das Asylwohnheim für Erwachsene ziehen.

Außerdem übernimmt Amadou Verantwortung für seine Situation. Er betont mehrmals, dass er niemandem die Schuld für seine Situation geben möchte, sondern selbst für sein Leben verantwortlich sei.

Amadou: Ja, erst mal das Abitur. Aber trotzdem, ich weiß nicht, wo ich Morgen sein werde. Ich kann nicht lange planen, nur Tag für Tag. Ich lebe jetzt und es kann sein, dass mein Asyl morgen nicht mehr verlängert wird, aber ich will diese Zeit nicht verlieren und deswegen ich gehe zu Schule und ich will etwas machen, denn wenn es anders kommt, ich möchte sagen: „Ich war in Deutschland, ich habe etwas gelernt und habe Deutsch gelernt." Ja und ich will diese Zeit nicht verlieren und sagen können, ich habe mein Abitur gemacht und ich habe einen Abschluss gemacht, ja. Weil, wenn ich keine Schule mache, diese Zeit ist für mich umsonst, deswegen Schule ist für mich sehr, sehr wichtig. (A I, Z. 403-410).

In diesem Zusammenhang erwähnt Amadou, dass es für ihn von zentraler Bedeutung sei, das Beste aus seiner Situation zu machen und die Zeit in Deutschland zu nutzen. Die Schule und die Erreichung eines Schulabschlusses seien für ihn sehr wichtig.

Zukunftsorientierung

Im Hinblick auf seine Zukunft betont Amadou immer wieder, dass er aufgrund seiner aktuellen Situation als Flüchtling nicht in der Lage sei, langfristige Zukunftspläne zu entwickeln.

Amadou: Ja, ich bin sehr an Politik interessiert. Ich sehe jeden Tag Nachrichten. Ich möchte immer wissen, was die Politik macht, auch in der ganzen Welt, ja. Weil, in Afrika gibt es immer Krieg, in Libyen, in Europa gab es diesen Weltkrieg, was die EU macht, alles, überall, das interessiert mich total. Wenn ich könnte, dann würde ich gerne auch Politikwissenschaft studieren, ja.

Stephi: Ist in die Politik zu gehen ein Ziel von dir?

Amadou: Ja, ein Ziel. In Deutschland, ich mag gerade die SPD, sie ist ein bisschen für die Ausländer hier, ist nicht so, wie die anderen Parteien, deswegen ich bin für die SPD. Bis jetzt, ich habe noch keine Probleme mit meinem Asyl, weil solange du noch zur Schule gehst, du hast nicht so große Probleme mit Abschiebung und wenn ich vielleicht bald mehr meine Ruhe habe und eine Wohnung habe, dann ich werde mich bei der SPD melden, oder wie sagt man, ich würde gerne da teilnehmen, ja. (A II, Z. 160-171).

Innerhalb seiner Erzählungen über Politik spricht Amadou jedoch sehr konkret über nahe und auch langfristige Ziele, wie beispielsweise Überlegungen einer Partei beizutreten oder Politik zu studieren.

6. Zusammenfassende Schlussbetrachtung

Anhand der vorangegangenen Darstellung der Gesprächsinhalte wird ersichtlich, dass in den Betrachtungsdimensionen „Erleben" und „Bewältigungsformen" ähnliche Themen für alle drei Gesprächspartner von Bedeutung sind, deren Ausgestaltung jedoch sehr individuell ausfällt. Im Folgenden soll eine kurze Zusammenfassung der Einzelfalldarstellungen anhand der wesentlichen Themen und Aspekte erfolgen, welche im Anschluss vor dem Hintergrund der theoretischen Grundlagen diskutiert werden. Dem folgt eine Diskussion über die Bedingungen und Auswirkungen des Phänomens der Legendenbildung unter Einbeziehung gesellschaftlicher und sozialpolitischer Aspekte. Abschließend werden die Grenzen der Untersuchung sowie sich daraus ergebende weitere Forschungsfragen dargestellt.

Zusammenfassung der Einzelfalldarstellungen

Mustafas Erleben ist stark von der Sehnsucht und Sorge um seine Familie geprägt. Durch die Flucht ist er zum ersten Mal in seinem Leben von ihr getrennt und auf sich allein gestellt. Mustafa erlebt die Einsamkeit, besonders in der ersten Zeit in Deutschland, daher als sehr belastend. Die Entwicklung eines sozialen Netzwerkes und die Einbindung in eine Gruppenstruktur sind für Mustafa von zentraler Bedeutung und erscheinen als wichtigste Aspekte in seinem Bewältigungsprozess. Dabei ist ihm sowohl der Kontakt zu Menschen aus seinem Kulturkreis als auch die Begegnung mit anderen Jugendlichen des Wohnheims und besonders Kontakte zur Aufnahmegesellschaft wichtig. In diesem Zusammenhang erlebt Mustafa die von ihm gemachten Ausgrenzungs- und Rassismuserfahrungen als sehr schmerzvoll. In seinem Herkunftsland war Mustafa ein integriertes und anerkanntes Mitglied in seiner Gemeinschaft und der Gesellschaft. In Bezug auf seine Zukunft spielt daher auch die gesellschaftliche Integration und Anerkennung in Deutschland eine wichtige Rolle, mit dem Ziel als „guter Mann" (an-)erkannt zu werden. Dabei zeigt er sich hoffnungsvoll, wobei ihm gleichzeitig auch die damit verbundenen Schwierigkeiten bewusst sind. Den auch dadurch ausgelösten Sorgen und Ängsten begegnet Mustafa im Wesentlichen durch einen eher emotionalen Bewältigungsstil, der sich in Religiosität, Zeichnen, Selbstberuhigung oder Aktivitäten ausdrückt.

Alis Erleben ist von einer starken Unzufriedenheit und Hilflosigkeit geprägt, was ihm deutlich Angst macht. Diese Gefühle erlebt Ali als diffus und nicht erklär- oder explizierbar, weswegen er nur schwer konkrete Handlungs- und Lösungsstrategien entwickeln kann. Aus diesem Grund sind in Alis Bewältigungsprozess Ablenkungs- und Verdrängungsmechanismen von zentraler Bedeutung und Ausdruck seiner empfundenen Hilflosigkeit. Dort, wo Ali Handlungsmöglichkeiten sieht, zeigt er jedoch, dass er motiviert und fähig ist, diese zu nutzen. Dies drückt sich unter anderem auch in seiner Entscheidung nach Europa zu gehen aus. Zudem sucht Ali aktiv nach Unterstützungsmöglichkeiten, was beispielsweise in den Forderungen gegenüber seinen Betreuern, aber auch gegenüber mir, deutlich wird.

Ali: Wie kannst du mir helfen? Was kannst du für mich machen? (Al III, Z. 178)

Eine zentrale Bedeutung in der Betrachtungsdimension „Bewältigungsformen" kommt dem Thema „Umgang mit der Migrationssituation in der Aufnahmegesellschaft" zu. Ali erlebt es als sehr wichtig nach außen angepasst zu erscheinen, das heißt zum einen keine Probleme mit anderen zu haben, aber auch die eigenen Probleme und Sorgen zu verstecken. Dieser Anpassungsprozess wird durch gegenseitige Beratung der Jugendlichen untereinander unterstützt, wobei die Legendenbildung als ein Ergebnis daraus betrachtet werden kann. Die Entwicklung von Zukunftsperspektiven und die damit verbundene Hoffnung, in Zukunft die von ihm ersehnte Zufriedenheit zu erlangen, ist ein zentraler Faktor, der Ali die Energie zum Weitermachen gibt.

Ausgehend von der Annahme, dass es sich bei der Geschichte von *Amadou* um eine Legendenbildung handelt, ist eben diese Konstruktion mit als seine bedeutsamste Bewältigungsform im „Umgang mit der Migrationssituation in Deutschland" zu betrachten. Amadou gibt als Fluchtursache eine politisch begründbare, individuelle Verfolgung von staatlicher Seite an und erfüllt somit die Kriterien des Flüchtlingsstatus der deutschen Asylpolitik (vgl. Abschnitt 2.1.2). Er berichtet von großen (politischen) Idealen, einer starken Heimatverbundenheit und zeigt(e) großen Mut in seinen Handlungen, die Verhältnisse in seinem Herkunftsland zu verändern. Dem deutschen System gegenüber zeigt er sich dankbar und integrationsbereit und betont gleichzeitig, diese Hilfe nur solange wie nötig in Anspruch zu nehmen und sobald wie möglich wieder nach Westafrika zurückkehren zu wollen. Die Abgrenzung von den „anderen Flüchtlingen" ist ihm dabei sehr wichtig. Amadou erfüllt somit alle Kriterien des „idealen Flüchtlings". In diesem Zusammenhang empfindet Amadou jedoch auch eine große Unsicherheit bezüglich der Zukunft und fürchtet sich vor einer möglichen Abschiebung. Das Gefühl (Lebens-)Zeit verloren zu haben, belastet ihn sehr. In Anbetracht der Annahme, dass Amadou wahrscheinlich über 30 Jahre alt ist und in Deutschland mehrere Jahre als Student gelebt hat, kommt diesem Gefühl eine besonders nachvollziehbare Bedeutung zu. Diesem Gefühl und den beschriebenen Ängsten und Sorgen begegnet Amadou durch die Konzentration auf die Gegenwart. Er lebt „Tag für Tag" und versucht die Zeit für sich zu nutzen. Amadou zeigt ein sehr zielgerichtetes sowie strategisches Verhalten, er bemüht sich um Stärke und nutzt alle die ihm zur Verfügung stehenden Ressourcen. Dies zeigt sich beispielsweise auch in der Bitte an mich, ihn bei seiner Wohnungssuche zu unterstützen. Seine Reife und Intelligenz sind dabei wesentliche Ressourcen. Zudem ermöglicht ihm seine Fähigkeit zu rationalen Erklärungen, sich von seinen Emotionen zu distanzieren. Es wird jedoch deutlich, dass Amadou unter der Isolierung leidet, die wahrscheinlich noch einmal dadurch verstärkt wird, sich niemandem anvertrauen und zeigen zu können.

Bezug zum theoretischen Hintergrund

In der zusammenfassenden Betrachtung vor dem theoretischen Hintergrund ist feststellbar, dass in Übereinstimmung mit Goodman (2004) (vgl. Abschnitt 2.4.2) die Hoffnung auf und die Entwicklung von Zukunftsperspektiven zentrale Aspekte im Bewältigungsprozess aller drei Gesprächspartner darstellen. Sie wünschen sich eine Zukunft in Deutschland, wobei besonders der Schule und den Ausbildungsmöglichkeiten eine besondere Rolle zukommt. Gleichzeitig führt der Blick in die Zukunft aufgrund der wahrgenommenen Restriktionen (vgl. Abschnitt 2.1.1), etwa bei der Wohnungssuche oder der Entwicklung eines Berufs- oder Ausbildungswunsches, auch zu Ängsten und Sorgen. Diese werden durch Ausgrenzungs- und Rassismuserfahrungen verstärkt. Die Thematisierung dieser Erfahrungen verdeutlicht zudem den Wunsch nach Kontakt und Integration, besonders da eine baldige Rückkehr in ihre Herkunftsländer von den Gesprächspartnern unter anderem aufgrund traumatischer Erfahrungen sowie drohender Perspektivlosigkeit ausgeschlossen wird. Dies führt zu ambivalenten Gefühlen, die Adam (1999) als „Zwischenwelt" (vgl. Abschnitt 2.3.3) bezeichnet. Das folgende Zitat von Tedros drückt diese Ambivalenz aus:

Tedros: Yes, of course I am hopeful. I know, when I go to school, I´ll have chances of, yeah, doing something and when I don´t do the bad things, when I don´t do anything bad, yeah, of course I am hopeful. I don´t know all, actually I don´t know what is the best for me in Germany. I don´t see, I don´t know. I think, with the advice from people like my teacher, my Betreuerin, yeah, I think, they could help me the things to do what are best for me and my future. But in the moment, I cannot tell you what I will do because I don´t know. But I know, I will do something into my future, I will be a part of the Germans, I want to have a family, I want to stay, I want to work, yeah, but one day, I want to go back home. (T, Z. 370-375).

In Abschnitt 2.3 wurde Migration als Krise beschrieben, sowie die damit einhergehende Gefahr in Bezug auf die Entwicklung einer Identitätskrise, bedingt durch den Verlust der Heimat, Familienangehöriger, FreundInnen sowie vertrauter Strukturen, die einen wesentlichen Teil der Identität darstellen. Diese Problematik fällt bei der Zielgruppe der vorliegenden Arbeit zusammen mit den Anforderungen und Entwicklungsaufgaben der Adoleszenz. Die Gesprächspartner berichten unter anderem von Schwierigkeiten und Einschränkungen bei der Entwicklung von Berufswünschen, der Schaffung sozialer Netzwerke, dem Finden einer eigenen Wohnung, das heißt dem Erlangen von Selbstständigkeit und Normalität sowie dem Finden und Eingehen von Intimbeziehungen. Die Bewältigung dieser Entwicklungsaufgaben und somit auch die Identitätsentwicklung erscheinen erschwert bzw. gefährdet. Es entsteht ein Gefühl der Perspektivlosigkeit.

Es ist erkennbar, dass dem Thema „psychische Belastungssymptome" bei allen Gesprächspartnern eine zentrale Bedeutung in der Dimension „Erleben", wie beispielsweise Schlafstörungen, Grübeln und Gefühle der Unzufriedenheit, zukommt. Diese Merkmale/Auffälligkeiten stehen sowohl mit den vergangenen Erlebnissen als auch mit der aktuellen Situation in Zusammenhang und verdeutlichen die hohe Belastung der Gesprächspartner, wie es etwa in dem folgenden Zitat von Farid deutlich wird:

Farid: Yeah. But here, when I normally have my problems and then I sit, I don´t know nothing to do and if I don´t have something to smoke and then I sit and then the feeling I have, I have the pain on me, so I don´t have nothing to do and I hold my head: "Okay, Okay!" You see me I am going to concentrate on this maybe for a while and then things go down and then I say: "Okay, Okay, I can forget that now!" And I often have bad dreams. It is really hard. I normally lie on the bed, lie and try to sleep because I feel sleepy because of the problems in my head, but I cannot sleep for maybe three, four hours and then I am lying on my bed, looking and thinking and even if I sleep, I feel I am sleeping, the eyes are closed but the mind is not sleeping. So that is really hard. (F, Z. 119-127).

Dem Thema „Umgang mit Gefühlen" kommt daher eine erhöhte Relevanz zu, besonders da die Möglichkeiten für die jugendlichen Flüchtlinge, ihre Gesamtsituation aktiv zu verändern, eingeschränkt erscheinen und sie von den Strukturen des deutschen Rechtssystems weitestgehend abhängig sind. Anhand der Theorie von Lazarus ist erkennbar, dass daher verstärkt emotionszentrierte Strategien zur Bewältigung Anwendung finden (vgl. Abschnitt 2.4.1). Auch ist erkennbar, dass das Bemühen um Stärke sowie der Versuch, den Erlebnissen eine Bedeutung sowie Sinn zu geben, einen wichtigen Aspekt darstellen, wie das folgende Zitat deutlich macht.

Farid: And if you passed through all the way that I passed I think I´ll get the confidence in life. Because you feel a lot of pain and that thing will never go out of your heart again. So, no matter how hard it is, you going to think; "I passed through this and this and this, yeah now I know I will also pass through this!" You know? (F, Z. 270-274).

Dies steht im Einklang mit den Ansätzen des sogenannten *meaning centered coping* (vgl. Abschnitt 2.4.1).

Es ist jedoch feststellbar, dass dort, wo die Möglichkeit besteht ihre Situation zu verändern, diese von den Befragten aktiv genutzt wird. Hierbei sind oftmals institutionelle Ressourcen, wie beispielsweise Betreuer oder Therapeuten von Bedeutung. Innerhalb der Gespräche, besonders im Fall Amadou wird das Bedürfnis nach *Verstehbarkeit* sowie *Handhabbarkeit*, wie es in dem Modell von Antonovsky (19987/1997) beschrieben wird, deutlich (vgl. Abschnitt 2.4.1). Auch in dem folgenden Zitat von Tedros ist der Wunsch nach Erklärung der eigenen (psychischen) Situation und geeigneten Handlungsmöglichkeiten erkennbar.

T.: Yeah, sometimes, I mean it is normal, for example you wake up or the whole night you haven´t slept, sometimes it comes to you, I don´t want to talk, it just comes to me like last week I don´t want to talk. All

I want is to stay in my house, I feel bad, I am crying, I don´t want to eat. I am not sick, but my mind is, yeah, with my mum, yeah, I think of my mum: "How is she?" So, yeah, sometimes it comes to you, so when it comes to you, you don´t want to go into school, you can´t explain it, because nobody can help you. I visited different doctors and I took a lot of medicine but it doesn´t help. And the last time a met a psychologist and he asked me a lot of questions and yeah, he knows about my problems. That was a help. So I know now, when it comes to me, that is sort of a depression and I have to go out and to meet other people and when I try that it will be a little bit better. Yeah, but when it comes, sometimes you cannot stop it. You want to stop it, but it continues in your mind.(T, Z. 272-283).

Der dritte Aspekt, den Antonovsky beschreibt, ist der der *Bedeutsamkeit*. Dieser wird meines Erachtens durch den Wunsch nach Teilhabe an Entscheidungsprozessen, Anerkennung, Sozialen (Ein-)Bindungen und gesellschaftlicher Integration deutlich.

In Abschnitt 2.3.2 wurde auf die Bedeutung der Prozesse und Bedingungen der Aufnahmegesellschaft für eine erfolgreiche Integration hingewiesen, die wie beschrieben ein wechselseitiger Prozess ist (vgl. hierzu auch Abschnitt 2.1.1.3). Insgesamt erscheinen die Bedingungen meines Erachtens für eine erfolgreiche Integration jedoch erschwert. Dies wird unter anderem durch die isolierte Unterbringung der männlichen Jugendlichen verstärkt. Wie in Abschnitt 4 beschrieben, erfolgt nach meiner Erkenntnis die Unterbringung der Mädchen meistens in Regeleinrichtungen der Jugendhilfe, während die Jungen vorwiegend in Sammelunterkünften für asylsuchende unbegleitete minderjährige Flüchtlinge untergebracht werden. In Abschnitt 2.2.4 wurde anhand der Theorie der sequentiellen Traumatisierung von Keilson (1979/2005) die Bedeutung der *dritten Sequenz,* d.h. der Phase der Migration, für die psychische und soziale Entwicklung der Jugendlichen herausgestellt. Die von den Gesprächspartnern beschriebenen Belastungsfaktoren u.a. aufgrund der asylpolitischen Bedingungen und Einschränkungen erhalten vor diesem Hintergrund ein enormes Risikopotential. Zudem stellt die soziale und gesellschaftliche Integration besonders im Jugendalter eine wesentliche Voraussetzung für die Identitätsentwicklung dar (vgl. Abschnitt 2.3.3.). Die Bedingungen für eben diese soziale und gesellschaftliche Integration (d.h. eine dauerhafte Bleibeperspektive, Zugang zu Bildungs- und Ausbildungsmöglichkeiten, gleichberechtigter Anspruch auf medizinische sowie therapeutische Versorgung usw., auch über das 18. Lebensjahr hinaus) sind vom aufenthaltsrechtlichen Status abhängig. Dieser wiederum ist, wie in Abschnitt 2.1.2 beschrieben, an die Erfüllung bestimmter Kriterien der Fluchtursachen bzw. wesentliche Aspekte der Biografie gebunden. Das Phänomen der Legendenbildung, welches sich innerhalb meiner Forschungsarbeit, speziell bei Amadou und Ali, als ein wichtiges Thema erwies, ist vermutlich auch auf diesen Hintergrund und die beschriebenen Bedingungen zurückzuführen. Aufgrund der Brisanz der Thematik findet es in der Literatur jedoch nur wenig Beachtung, obwohl es, wie in Abschnitt 2.4.2 beschrieben, weitreichende Konsequenzen für die Identitätsentwicklung und somit für die psychische Gesundheit der Jugendlichen hat. In einem meiner Vorgespräche beschrieb ein Jugendlicher mir das Gefühl seiner Situation anhand des Beispiels einer Erblindung. Das Leben in Deutschland sei, als ob man sich durch einen dunklen Raum bewege. Nichts sei greif- oder erkennbar. Diese Aussage drückt ein großes Unsicherheitsgefühl aus, welches wiederum Auswirkungen auf das Erleben und Verhalten der Jugendlichen hat. Mein Forschungsprozess war ebenfalls von einem ständigen Gefühl der Unsicherheit und Verwirrung begleitet und äußerte sich oftmals in Schwierigkeiten die Situation und Erlebnisse für mich einzuordnen und fassbar zu machen. Dieses Gefühl meinerseits lässt sich als Gegenübertragung eben dieser Unsicherheit, nicht zu wissen, welche Anteile sie von *sich selbst* zeigen können und dürfen, interpretieren.

Gesellschaftliche und sozialpolitische Rahmenbedingungen

Wie in der Einleitung der vorliegenden Arbeit beschrieben, liegt der derzeitigen politischen und gesellschaftlichen Diskussion zur Flüchtlingsthematik eine dichotome Konstruktion zugrunde, die zwischen dem *echten* Flüchtling – der nach Nuscheler (2004) auch als Idealtypus bezeichnet wird (ebd., S. 104) – und dem so genannten *Wirtschaftsflüchtling* unterscheidet (vgl. Abschnitt 2.1). Diese Dichotomie impliziert wiederum eine Reihe von Merkmalspaaren, die jeweils durch Gegensätzlichkeit gekennzeichnet sind. Der Migration aus Not, wobei nur das Kriterium der politischen Verfolgung zulässig ist, steht die Migration aus wirtschaftlichen Motiven gegenüber, welche zwar als nachvollziehbar, aber nicht als angemessen bewertet wird und folglich den Vorwurf der *Gier* beinhaltet. Während der *echte* Flüchtling in der Konstruktion genügsam und dankbar für den gebotenen Schutz ist, birgt der Wirtschaftsflüchtling die Gefahr, das Sozialsystem des Aufnahmelandes in Form einer nicht angemessenen Anspruchshaltung zu missbrauchen. Zudem wird beim letzteren von einem dauerhaften Aufenthaltswunsches ausgegangen, während das Bild des *echten* Flüchtlings, sobald die Umstände es zulassen, eine freiwillige Rückkehr enthält. Die beschriebene Konstruktion kategorisiert und selektiert menschliche Not. Die Asylpolitik gewährt denjenigen Menschen Schutz, die die Kriterien der Genfer Flüchtlingskonvention (GFK) erfüllen und dies anhand schlüssiger Darstellungen beweisen können. Dies trifft jedoch meiner Erkenntnis nach auf einen Großteil der Flüchtlinge nicht zu. Auch Nuscheler (2004) weist darauf hin, dass die Kriterien der GFK zu eng gefasst und vor allem veraltet seien und somit „zu vielen de-facto Flüchtlingen einen verlässlichen Schutz verweigert" (ebd., S. 199). Diejenigen, die die Kriterien nicht erfüllen, so der Diskurs, gilt es abzuwehren. Nach Becker (2002) „gibt es praktisch keine positive soziale Konstruktion von Flüchtlingen mehr[25]. Es gibt nur neutrale bis negative Konstruktionen: sie bleiben zu lange hier, wir müssen die Zuwanderung regeln, wir müssen aufpassen" (ebd. S. 73).

---

[25] Becker (2002) weist darauf hin, dass es in den 70er Jahren keine Diskussion über die so genannten Wirtschaftsflüchtlinge und deren Abwehr gab, sondern besonders zur Zeit des Kalten Krieges die politische sowie gesellschaftliche Wertung des Flüchtlingsbegriffs im Gegensatz zur heutigen Diskussion positiv war (ebd., S. 72 f).

Die Argumentation macht deutlich, dass sowohl aus Gründen der Asylpolitik als auch bezüglich der sozialen und gesellschaftlichen Bewertung der Asylsuchenden für die Betroffenen eine Annäherung an den *echten* oder *idealen* Flüchtling für eine dauerhafte Integration nötig ist. Bei einer Nicht-Erfüllung der Kriterien oder auch Unwissenheit bzw. Unsicherheit[26] über diese, stellt die Entscheidung für eine Legendenbildung eine Möglichkeit dar, sich diesen anzunähern. Das folgende Beispielzitat macht eine solche Bemühung deutlich:

Amadou: Ja, ich bin zufrieden, mit dem was ich habe, aber manchmal (...). Viele sind aber nicht zufrieden hier. Viele Leute sind gekommen wegen Geld oder so und manche Leute sind gekommen wegen Asyl. ... Ja, aber ich bin gekommen, wegen meinem Asyl. Europa war für mich kein Plan. Wenn es Morgen wieder alles gut läuft, ich werde wieder zurück gehen in mein Land. Aber viele Leute sind gekommen wegen Geld, sie denken in Europa gibt es so viel Geld und sie denken, wenn ich nach Europa komme (…) und das macht sie total depressiv und dann sie verkaufen Drogen und so halt. ... Aber viele denken, Europa ist ein Eldorado, aber andere sind gekommen, wegen den Problemen in Afrika, weil ich bin gekommen, weil es gibt bei uns keine Demokratie, aber wenn es Morgen meinem Land wieder gut geht, ich würde auch gerne wieder zurück gehen, aber ich weiß nicht wann. (A II, Z. 243-273)

An dem Beispiel wird erkennbar, dass Amadou sowohl auf die Kriterien der Flüchtlingspolitik eingeht, als auch Aspekte der Dankbar- und Genügsamkeit betont, was seinen Wunsch sowie dessen Bedeutung der sozialen und gesellschaftlichen Anerkennung deutlich macht. Amadou konstruiert seine Geschichte anhand der Kriterien des beschriebenen Idealtypus. An dieser Stelle empfinde ich es als wichtig,

---

[26] Wie in Abschnitt 2.4.2 beschrieben, werden oftmals schon z.B. von Schlepperorganisationen vorgefertigte Legenden übernommen, unabhängig von den individuellen Fluchtgründen, so dass keine Aussage darüber getroffen werden kann, ob diese die Kriterien der GFK erfüllen oder nicht.

wiederholt darauf hinzuweisen, dass seine *tatsächliche* Geschichte sowie Motive nicht beurteilt werden können und dies auch nicht das Ziel der zugrundeliegenden Diskussion ist. Seine Beschreibung steht exemplarisch für das Dilemma, in dem sich ein Großteil der Flüchtlinge befindet. Zu den eben aufgeführten Kriterien kommen zusätzlich die Kriterien des *Trauma-Opfers*. Diese und deren Bedeutung in der Asylpolitik, also die Wichtigkeit ihres Vorhandenseins für die Anerkennung als Asylberechtigter, wurden in Abschnitt 2.2.3 ausführlich beschrieben. Amadou beschreibt in den Gesprächen fast „lehrbuchreif" die Diagnosekriterien der Posttraumatischen Belastungsstörung (vgl. Abschnitt 2.2.2). Jedoch gilt es auch hier zu beachten, dass daraus keine Schlussfolgerungen über seine *tatsächlichen* Erfahrungen und Empfindungen gezogen werden können. Was meines Erachtens aber ersichtlich wird, ist, dass selbst die intimsten Bereiche des psychischen Empfindens offen dargelegt werden müssen. In diesem Zusammenhang führt Becker (2006) den Vergleich mit einer psychiatrisch-forensischen Begutachtung eines Angeklagten an (ebd., S. 173). Die Konsequenz daraus ist, dass sogar der für die restliche Gesellschaft geschützte Bereich, die therapeutische Situation, in Gefahr ist, seinen Raum für Privatsphäre und authentische Beziehung zu verlieren. Im Extremfall besteht meiner Ansicht nach die Gefahr den Bezug zu sich, der eigenen Geschichte sowie seinen aktuellen psychischen Empfindungen durch die Annahme einer Legendenbildung zu verlieren.

Die Psychodynamik der Legendenbildung innerhalb sozialer Interaktionen

In der Betrachtung des Phänomens der Legendenbildung innerhalb der sozialen Interaktion, speziell zwischen jugendlichen Flüchtlingen und Angehörigen des Helfersystems, lässt sich eine spezifische Dynamik erkennen, dessen Auswirkungen zu verschiedenen Problematiken führen kann, da ein offener Umgang mit dieser Thematik kaum oder nur mit Einschränkungen möglich ist.

Bemühungen und Handlungen, die den Jugendlichen stützen und ihn in seiner Lebensgeschichte anerkennen, stehen in Übereinstimmung mit den Forderungen, die sich aus den Ergebnissen von Keilson (1979/2005) ableiten lassen. Zweifel an der Glaubwürdigkeit des Jugendlichen jedoch können zu Störungen der Beziehung und somit zu einem Abbruch dieser führen. Auf beiden Seiten entstehen Gefühle von Misstrauen, auf dessen Basis leicht Emotionen, wie Enttäuschung oder Ärger entwachsen können. Dies kann sich sowohl in einem sichtbaren Konflikt, in dem der Verdacht offen ausgesprochen wird oder innerhalb der unbewussten Dynamik der Interaktion zum Ausdruck kommen. Hinzu kommt, dass die Konstruktion einer Legende sich auf die gesamte Biografie beziehen oder nur einzelne Aspekte betreffen kann, die jedoch auch wiederum Auswirkungen auf die gesamte Erzählung der Lebensgeschichte haben. Der sich hieraus entwickelnde Konflikt enthält für alle Beteiligten die Frage, welche Bereiche noch „problemlos" angesprochen werden können.

Die Legendenbildung hat zudem nicht nur Auswirkung auf die Erzählung vergangener Erlebnisse, sondern beeinflusst auch die Darstellung aktueller Ereignisse. Diese dürfen jedoch nur angesprochen werden, wenn sie kompatibel mit den Inhalten der Legende sind. Beispielweise kann eine plötzliche Erkrankung der Eltern und die daraus entstehenden Sorgen nicht offen angesprochen werden, wenn diese laut der Legende nicht mehr leben. Dies führt u.a. dazu, dass institutionelle Ressourcen, wie TherapeutInnen, SozialarbeiterInnen u.a. nicht bzw. nur eingeschränkt genutzt werden können.

Die erfolgreiche Aufrechterhaltung der gewählten Legende ist, wie bereits erläutert von existenzieller Bedeutung für die Jugendlichen. Wird diese angezweifelt, ist davon auszugehen, dass starke Ängste ausgelöst werden, aber auch Schuldgefühle und Bedauern sind mögliche Reaktionen. So wurde bspw. auch von Ali die Nennung seines wahren Alters seinerseits mit einem schlechten Gewissen und unguten Gefühlen mir gegenüber begründet. Dieses mir entgegengebrachte Vertrauen kann zum einen als Versuch betrachtet werden eine gute Beziehungsbasis zu schaffen bzw. die Gefahr, dass diese durch evtl. aufkommende Zweifel gestört wird, zu mindern. Die Dynamik des folgenden Forschungsprozesses kann meines Erachtens u.a. als Konsequenz der dadurch ausgelösten Ängste betrachtet werden (vgl. Abschnitt 5.2.2).

Wie bereits ausgeführt ist die Legendenbildung im Sinne einer Opferbiografie von hoher aufenthaltsrechtlicher Relevanz. Wie in den theoretischen Grundlagen beschrieben, ist davon auszugehen, dass schon die Konfrontation und Auseinandersetzung mit dem Phänomen Tauma eine traumatisierende Wirkung haben kann. Durch die Präsentation einer eben solchen Darstellung kommt es zu Auslösung verschiedener empathischer Reaktionen bei dem Gegenüber, wie Ängsten, Trauer, Wut und Sorgen. So besteht die Gefahr einer sekundären Traumatisierung der helfenden Person. Der Jugendliche kann dies nicht vermeiden, er ist zum Teil sogar auf eben solche Reaktionen angewiesen, da sie die Person innerhalb des Bewältigungsprozesses zum aktiven Handeln veranlassen. Dieser Effekt lässt sich auch am folgenden Auszug meiner Forschungstagebuchaufzeichnungen erkennen, die ich anfertigte nachdem ich Amadou auf seiner Wohnungssuche unterstützend begleitet hatte:

> Die Tage danach beschäftigte mich seine Situation sehr. Mich macht es traurig und wütend, dass einem jungen Menschen, mit so viel Potential, so viele Steine in den Weg gelegt werden. Gleichzeitig wird mir aber auch meine eigene Ohnmacht bewusst und es stört mich, dass ich ihm nicht wirklich helfen konnte. Ich mache mir aber auch über meine eigene Rolle Gedanken. Als Amadou mich fragte, ob ich ihm helfen könne, sagte ich sofort zu. Es schien mir auf der einen Seite selbstverständlich etwas zuzusagen, was für mich nicht besonders viel Arbeit bedeutete, für ihn jedoch existenziell wichtig war. Einen Jugendlichen auf Wegen, wie diesen zu begleiten sowie zu unterstützen ist etwas, was ich täglich innerhalb meiner derzeitigen Tätigkeit als Straßensozialarbeiterin mache. Eine Mischung aus altruistischen Gefühlen, der Wunsch der eigenen Ohnmacht entgegen zu wirken sowie das Bedürfnis in eine Rolle, die Rolle der Sozialarbeiterin, die ich beherrsche, wer-

den dabei wohl auch von entscheidender Bedeutung gewesen sein" (Forschungstagebuch: Z. 396 – 407).

Dabei sind folgende Prinzipien festzustellen: Je eindeutiger und dramatischer die Opferkonstruktion ist, desto wahrscheinlicher und desto engagierter ist der Einsatz der helfenden Person. (Gesellschaftliche) Anerkennung, Machtverhältnisse sowie Dankbarkeit korrelieren positiv mit Größe und Dramatik der Notsituation. Kosten, aber auch Nutzen werden unter den genannten Bedingungen maximal. Kann die Legende jedoch nicht weiter aufrechterhalten werden, besteht die Gefahr, dass die beschriebenen Gefühle und die sich daraus ergebenden Handlungen ins Gegenteil umschlagen. Anstelle des (Selbst-) Bildes vom „großzügigen" Helfer" tritt der Eindruck von Naivität und das Gefühl ausgenutzt worden zu sein. Die so ausgelösten Emotionen können möglicherweise auf den Jugendlichen projiziert werden. Einige der aufgeführten Aspekte lassen sich in dem folgenden Auszug meines Forschungstagebuchs wiederfinden, die ich anfertigte, nachdem ich von Amadous vermeintlicher Legendenbildung erfuhr.

> Ich war schockiert, konnte es nicht fassen und kam mit gleichzeitig total blöd vor … Ich fühlte mich belogen und naiv. Wie sollte ich jetzt weiter mit der Situation umgehen? Wie sollte meine Arbeit weiter aussehen? … In den folgenden Tagen machte ich mir viele Gedanken um Amadou, seine Geschichte und meine Arbeit. Die Dinge wurden komplexer ein Stück realistischer, die Antwort darauf war jedoch eigentlich noch immer einfach: Ich begegnete Menschen in Not, die für sich einen Weg suchen (Forschungstagebuch, Z. 557 – 568).

Anhand des aufgeführten Zitats wird meine eigene Wut und Enttäuschung, die ich im ersten Moment empfunden habe, deutlich. Innerhalb der Reflexion gelang es mir jedoch eine weitere Perspektive zu erarbeiten und somit zu einem Verständnis der Situation zu gelangen. Für die betroffenen Jugendlichen besteht in so einem Fall allerdings auf die Gefahr eines Beziehungsabbruches und sofortiger Einstellung der Unterstützungsangebote. Diese Möglichkeit erschwert wiederum das Auflösen der Legendenbildung innerhalb der bestehenden sozialen

Beziehung. Das Dilemma besteht u.a. darin, dass die Darlegung der Lebensgeschichte und dadurch der Zugriff auf die Legende meistens am Anfang einer professionellen Arbeitsbeziehung steht bzw. dessen Inhalt maßgebend hinsichtlich Art und Umfang eben dieser ist. Auch innerhalb meiner Forschungsbeziehung zu den Jugendlichen war die Darstellung der Biografie ein zentrales Thema. Der Umgang mit bzw. die bloße Wahrnehmung der so entstandenen Problematik war nur durch einen flexiblen Einsatz der ausgewählten Forschungsmethoden, die sich der gegebenen sozialen Realität und der jeweiligen Dynamik anpassen konnten, einer großen Offenheit der Forscherin und der vorhanden Bereitschaft sich auf Störungen und Abweichungen des Forschungsprozesses einzulassen, möglich.

Aus diesen Ausführungen lässt sich zudem die Notwendigkeit einer vertrauensvollen Beziehungsarbeit zwischen Jugendlichen und Angehörigen des Helfersystems erkennen. Eine Auflösung der Legendenbildung ist jedoch nur möglich, wenn es gelingt einen Raum zu schaffen in dem die Privatsphäre der Jugendlichen streng geschützt ist. Dies ist zum einen vom Verständnis und Handeln der jeweiligen Unterstützungsperson abhängig, kann jedoch nur umgesetzt werden, wenn dieser Raum und dessen Inhalte auch rechtlich in Form von Schweigepflicht, Zeugnisverweigerungsrecht etc. geschützt werden. Dabei geht es nicht um die bloße Unterscheidung und Ermittlung von wahrer vs. falscher Identität als absolute Kategorien, die den Grad der Authentizität sozialer Interaktionen bestimmen. Vielmehr geht es darum Räume zu schaffen in denen die jeweils beteiligten Personen die Möglichkeit haben frei darüber zu entscheiden, welche ihrer Seiten und zu welchen Anteilen sie diese ihrem Gegenüber zeigen möchten.

Abschließende Betrachtung

Die vorliegende Arbeit ist der Versuch, durch drei ausführlich beschriebene Einzelfalldarstellungen den Menschen hinter der beschriebenen Konstruktion hervorzuheben und aus der Gegenüberstellung mit dieser die Problematik dieser Konstruktion sichtbar werden zu lassen. Dies entspricht dem folgenden Gedanken von Becker (2006), der die fehlende Subjektivierung der (politischen) Diskussion als Ursache für die Bildung von Klischees und Vorurteilen betrachtet.

> Obwohl wir tagtäglich vieles über das Elend in der Welt hören, erfahren wir immer weniger über die Subjekte, die diese Welt bevölkern. Wir stellen zwar den notwendigen Bezug zwischen individuellem Leid und politischen Verhältnissen her, nehmen aber gleichzeitig teil an einem Prozess, in dem die Subjekte weniger wahrgenommen und von uns als entsubjektivierte Objekte im Rahmen politischer Klischees abgehandelt und verurteilt werden … Man handelt nicht politisch, sondern fühlt Mitleid mit den Opfern, falls sie sich so benehmen, wie wir es von ihnen erwarten. Schließlich verstehen wir weder die Subjekte noch die politischen Verhältnisse, und unser Wissen erweist sich als oberflächlich und vorurteilsvoll (Becker, 2006, S. 154).

Die Untersuchung und Darstellung der Dimensionen „Erleben" und „Bewältigungsformen" ermöglicht einen Einblick in die Lebenswelten der Gesprächspartner und deren Empfindungen, Bedürfnisse, Motive sowie Ziele und Stärken. Die transparente Beschreibung des Forschungsverlaufs und dessen Reflexion geben zudem einen Eindruck von den Schwierigkeiten, die im Forschungsprozess in dem untersuchten Feld auftreten können und können so auch für die Planung anderer Forschungsvorhaben als Erkenntnisgewinn genutzt werden. Diese Bedingungen können ebenso als Ausdruck der Rahmenbedingungen im Feld interpretiert werden und verdeutlichen in einer gewissen Form die *chaotischen* Lebenslagen, in denen sich die Jugendlichen befinden. So lassen sich beispielsweise die beschriebenen Grenzüberschreitungen der Forschungsbeziehung ihrerseits, die ich in den Begegnungen von Amadou und Ali dargestellt habe, als Versuch interpretieren, eine Vertrauensperson zu finden, die sie beim *ordnen* dieser Bedingungen unterstützen kann. Der Bedarf dafür wird an dem folgenden Zitat von Amadou deutlich:

Amadou: Nun ja, meine Betreuer, sie kommen zur Arbeit, aber sie haben auch sehr viel zu tun, sie können sich nicht richtig um uns kümmern. (A I, Z. 244-245)

Abschließend komme ich zu dem Ergebnis, dass ich in meiner Forschungsarbeit aktiven und kompetenten Menschen begegnet bin, die Hoffnungen und Ziele haben und bemüht sind, dort wo sie Raum zum Handeln haben, dies auch tun. Sie stehen dabei hohen Anforderungen und Erwartungen sowie vielen Grenzen gegenüber, die sich im erheblichen Maße von denen unterscheiden, mit denen üblicherweise Jugendliche dieser Gesellschaft konfrontiert sind. Der Wunsch nach Aktivität, Integration und Anerkennung als Mensch mit Stärken und Potentialen, kommt in dem folgenden Zitat von Tedros zum Ausdruck:

Tedros: Yeah. It is just a general advice that the refugees can be intelligent, can be so useful and I think the state can make use, so good use of us. Making use of our skills and what we can, yeah. I don´t know why they doing that way but it could change. The state could say: "Okay, we were doing it that way for the last years but now we want to do it this way!" It is difficult to change but sometimes you change for the better. (T, Z. 432-436).

Kritische Betrachtung und Ausblick

Die Beschreibungen und Analysen der vorliegenden Forschungsarbeit mussten sich aufgrund mangelnder weiblicher Gesprächspartner auf die Perspektive männlicher Flüchtlinge beschränken. Für ein differenzierteres Verständnis der Thematik wäre eine Untersuchung dieser Gruppe jedoch nötig. Es ist davon auszugehen, dass die untersuchten Dimensionen „Erleben" sowie „Bewältigungsformen" zwischen den Geschlechtern differieren. Aus verschiedenen Gesprächen mit Therapeuten und Pädagogen, die ich im Rahmen der Forschung geführt habe, wurde erkennbar, dass in der Versorgung jugendlicher Flücht-

linge grundsätzliche Unterschiede hinsichtlich der Geschlechter bestehen. Diese beziehen sich, wie schon erläutert, zum einen auf die Art
der Unterbringung, zum anderen scheint es aber auch Differenzen in
der Anerkennung der Flüchtlingseigenschaften sowie der gesellschaftlichen Anerkennung zu geben. Ob diese Vermutungen, die auf subjektiven Einschätzungen beruhen, bestätigbar sind und welche Auswirken
daraus folgen, müsste anhand weiterer Untersuchungen überprüft
werden.

Zudem muss kritisch angemerkt werden, dass die Gesprächspartner
sich aufgrund ihres unsicheren Aufenthaltsstatus zum Zeitpunkt des
Forschungsprozesses in einer existenzbedrohenden Lebenssituation
befanden. Die Berechtigung ihres Aufenthalts sowie ihrer Zukunft in
Deutschland leitet sich direkt aus ihrer Biografie, ihren Familienhin-
tergründen, den Erfahrungen im Herkunftsland sowie den Verlauf
ihrer Flucht ab. Die Gesprächsinhalte dieser Thematiken haben somit
eine existenzielle Bedeutung für die Jugendlichen. Aufgrund der in
Abschnitt 4 beschriebenen Asymmetrie in der Verortung im sozialen
Raum, entstand im Forschungsprozess das Gegenübertragungsgefühl
meinerseits unter anderem als *Systemvertreterin* betrachtet zu werden.
Es ist davon auszugehen, dass die beschriebenen Umstände einen Effekt auf den Forschungsverlauf und seine Ergebnisse hatten. Aus diesem Grund wurde bei der Darstellung des Materials besonderer Wert
auf Transparenz und Reflexion gelegt, so dass die Ergebnisse anhand
ihres Entstehungskontextes interpretiert werden können.

Das Phänomen der Legendenbildung und dessen Bedeutung ist ein
wesentliches Ergebnis der vorliegenden Forschungsarbeit und kann
als eine wichtige Bewältigungsform von Flüchtlingen betrachtet werden. Die Auswirkungen auf das Erleben und Verhalten sowie die
Konsequenzen für die psychische Entwicklung und Identitätsbildung
der Betroffenen bedürfen jedoch weiterer wissenschaftlicher Untersuchungen, um zu einem besseren Verständnis der Lebenswirklichkeiten
der Jugendlichen beizutragen. Die Einbeziehung gesellschaftlicher
sowie sozialpolitischer Verhältnisse muss meines Erachtens jedoch
dabei von wesentlicher Bedeutung sein.

In der Gesamtbetrachtung ist festzustellen, dass die Gruppe der unbegleiteten minderjährigen Flüchtlinge sicherlich durch eine besondere Schutzbedürftigkeit und Abhängigkeit gekennzeichnet ist; dennoch sollten sie nicht auf ihre Verwundbarkeit reduziert werden. Die vorliegende Arbeit verdeutlicht die vielfältigen Kompetenzen und Potentiale der Jugendlichen und v.a. den Wunsch nach gesellschaftlicher Teilhabe und Anerkennung. In ihren Herkunftsländern haben sie eigene Schutzmechanismen erlernt und Formen der Bewältigung entwickelt, wodurch sie eine Überlebenskompetenz erworben haben, die als Stärke begriffen werden sollte und einem „Paradigmenwechsel - vom Opferdiskurs hin zu einer Betonung der ... persönlichen, sozialen und politischen Ressourcen dieser Personengruppe" zuträglich sein kann (B-UMF e.V., n. d. b).

Diagnostische Kriterien der PTBS

Diagnostische Kriterien der Posttraumatischen Belastungsstörung nach ICD-10 (F43.1)

A. Die Betroffenen sind einem kurz- oder langanhaltenden Ereignis oder Geschehen von außergewöhnlicher Bedrohung oder mit katastrophalem Ausmaß ausgesetzt, das nahezu bei jedem tiefgreifende Verzweiflung auslösen würde.

B. Anhaltende Erinnerungen oder Wiedererleben der Belastung durch aufdringliche Nachhallerinnerungen (Flashbacks), lebendige Erinnerungen, sich wiederholende Träume oder durch innere Bedrängnis in Situationen, die der Belastung ähneln oder mit ihr in Zusammenhang.

C. Umstände, die der Belastung ähneln oder mit ihr in Zusammenhang stehen, werden tatsächlich oder möglichst vermieden. Dieses Verhalten bestand nicht vor dem belastenden Erlebnis.

D. Entweder 1. oder 2.

  1. Teilweise oder vollständige Unfähigkeit, einige wichtige Aspekte der Belastung zu erinnern.

  2. Anhaltende Symptome einer erhöhten psychischen Sensitivität und Erregung (nicht vorhanden vor der Belastung) mit zwei der folgenden Merkmale:

    a. Ein- und Durchschlafstörungen,

    b. Reizbarkeit oder Wutausbrüche,

    c. Konzentrationsschwierigkeiten,

    d. Hypervigilanz

    e. erhöht Schreckhaftigkeit

E. Die Kriterien B., C. und D. treten innerhalb von sechs Monaten nach dem Belastungsereignis oder nach Ende einer Belastungsperiode auf. (In einigen speziellen Fällen kann ein späterer Beginn berücksichtig werden, dies sollte aber gesondert angegeben werden).

(ICD-10, Remschmidt, Schmidt, Poustka, 2006, S. 198)

Diagnostische Kriterien der Posttraumatischen Belastungsstörung nach DSM-IV-TR (309.81)

A. Die Person wurde mit einem traumatischen Ereignis konfrontiert, bei dem die beiden folgenden Kriterien vorhanden waren:
   (1) die Person erlebte, beobachtete oder war mit einem oder mehreren Ereignissen konfrontiert, die tatsächlichen oder drohenden Tod oder ernsthafte Verletzungen oder eine Gefahr der körperlichen Unversehrtheit der eigenen Person oder anderer Personen beinhalteten.
   (2) Die Reaktion der Person umfaßte intensive Furcht, Hilflosigkeit oder Entsetzen.
   Beachte: Bei Kindern kann sich dies auch durch aufgelöstes oder agitiertes Verhalten äußern.

B. Das traumatische Ereignis wird beharrlich auf mindestens eine der folgenden Weisen wiedererlebt:
   (1) wiederkehrende und eindringliche belastende Erinnerungen an das Ereignis, die Bilder, Gedanken oder Wahrnehmungen umfassen können.
   Beachte: Bei kleinen Kindern können Spiele auftreten, in denen wiederholt Themen oder Aspekte des Traumas ausgedrückt werden.
   (2) Wiederkehrende, belastende Träume von dem Ereignis.
   Beachte: Bei Kindern können stark beängstigende Träume ohne wiedererkennbaren Inhalt auftreten.
   (3) Handeln oder Fühlen, als ob das traumatische Ereignis wiederkehrt (beinhaltet das Gefühl, das Ereignis wiederzuerleben, Illusionen, Halluzinationen und dissoziative Flashback-Episoden, einschließlich solcher, die bei Aufwachen oder Intoxikationen auftreten).
   Beachte: Bei kleinen Kindern kann eine traumaspezifische Neuinszenierung auftreten.
   (4) Intensive psychische Belastungen bei der Konfrontation mit internalen oder externalen Hinweisreizen, die einen Aspekt desselben erinnern.
   (5) Körperliche Reaktionen bei der Konfrontation mit internalen oder externalen Hinweisreizen, die einen Aspekt des traumatischen Ereignisses symbolisieren oder an Aspekte desselben erinnern.

C. Anhaltende Vermeidung von Reizen, die mit dem Trauma verbunden sind, oder eine Abflachung der allgemeinen Reagibilität (vor dem

Trauma nicht vorhanden).

Mindestens drei der folgenden Symptome liegen vor:

(1) bewußtes Vermeiden von Gedanken, Gefühlen oder Gesprächen, die mit dem Trauma in Verbindung stehen,

(2) bewußtes Vermeiden von Aktivitäten, Orten oder Menschen, die Erinnerungen an das Trauma wachrufen,

(3) Unfähigkeit, einen wichtigen Aspekt des Traumas zu erinnern,

(4) Deutlich vermin dertes Interesse oder verminderte Teilhabe an wichtigen Aktivitäten,

(5) Gefühl der Losgelöstheit oder Entfremdung von anderen,

(6) Eingeschränkte Bandbreite des Affektes (z.B. Unfähigkeit, zärtliche Gefühle zu empfinden),

(7) Gefühl einer eingeschränkten Zukunft (z.B. erwartet nicht, Karriere, Ehe, Kinder oder normal langes Leben zu haben).

D. Anhaltende Symptome erhöhten Arousals (vor dem Trauma nicht vorhanden). Mindestens zwei der folgenden Symptome liegen vor:

(1) Schwierigkeiten ein- oder durchzuschlafen,

(2) Reizbarkeit oder Wutausbrüche,

(3) Konzentrationsschwierigkeiten,

(4) Übermäßige Wachsamkeit (Hypervigilanz),

(5) Übertriebene Schreckreaktion.

E. Das Störungsbild (Symptome unter Kriterium B, C und D) dauert länger als 1 Monat.

F. Das Störungsbild verursacht in klinisch bedeutsamer Weise Leiden oder Beeinträchtigungen in sozialen, beruflichen oder anderen wichtigen Funktionsbereichen.

Bestimmte, ob:

Akut: Wenn die Symptome weniger als 3 Monate andauern.

Chronisch: Wenn die Symptome mehr als 3 Monate andauern.

Bestimme, ob:

Mit Verzögertem Beginn: Wenn der Beginn der Symptome mindestens 6 Monate nach dem Belastungsfaktor liegt.

(DSM-IV-TR, Saß, Wittchen, Zaudig, Houben, 2003)

Tabellenverzeichnis

Abbildungsverzeichnis

Literatur

Aits, W. (2008). *Intellektuelle Grenzgänger. Migrationsbiografien nordafrikanischer Studierender in Deutschland*. Frankfurt/Main: Campus Verlag.

Adam, H. (1999): „Zwischenwelten" - Minderjährige unbegleitete Flüchtlinge in Hamburg. In: G. Romeike.; H. Immelmann (Hrsg.), *Hilfen für Kinder. Konzepte und Praxiserfahrungen für Prävention, Beratung und Therapie* (S. 317-332). Weinheim: Juventa.

Adam, H. (2007). Flüchtlingskinder – Individuelles Trauma, Versöhnungsprozess und soziale Rekonstruktion. In: I. Fooken & J. Zinnecker (Hrsg.), *Trauma und Resilienz. Chancen und Risiken lebensgeschichtlicher Bewältigung von belasteten Kindheiten* (S. 155-168). Weinheim und München: Juventa.

Adam, H. (2009a). Seelische Probleme von Migrantenkindern und ihren Familien. *Praxis der Kinderpsychologie und Kinderpsychiatrie,* 58 (4), 244-262.

Adam, H. (2009b). Adoleszenz und Flucht- Wie jugendliche Flüchtlinge traumatisierende Erfahrungen bewältigen. In: V. King & H.C. Koller (Hrsg.), Adoleszenz – Migration – Bildung. Bildungsprozesse Jugendlicher und junger Erwachsener mit Migrationshintergrund (S. 139-153). (2. Aufl.). Wiesbaden: VS Verlag für Sozialwissenschaften.

Antonovsky, A. (1997). *Salutogenese. Zur Entmystifizierung der Gesundheit.* Deutsche erweiterte Herausgabe von A. Franke. (A. Franke & N. Schulte, Übers.). Tübingen: dgvt-Verlag. (Orginal erschienen 1987: Unraveling the Mystery of Health – How People Manage Stress and Stay Well).

Ardjomandi, M. (1998). Migration – ein Trauma? In: A.M. Schlösser & K. Höhfeld (Hrsg.), *Trauma und Konflikt* (S. 309-321). Gießen: Psychosozial-Verlag.

Bay, A., Beck, M., Teske, I. & Szagun (2009). Kohärenzgefühl von Asylsuchenden in Deutschland – Eine empirische Studie zu Antonovskys Konzept der Salutogenese. *Forum Gemeindepsychologie*, 14 (1), 1-17.

Becker, D. (1992). *Ohne Hass keine Versöhnung. Das Trauma der Verfolgten.* Freiburg: Köre.

Becker, D. (2002). Flüchtlinge und Trauma. Interview mit David Becker. In: Projekttutorium „Lebenswirklichkeiten von Flüchtlingen in Berlin" & „Behörden und Migration" (Hrsg.), Verwaltet, entrechtet, abgestempelt – wo bleiben die Menschen? Verfügbar unter: http://www.behandeln-statt-verwalten.de/fileadmin/user_ upload/ pdfs/verwaltet-entrechtet-abgestempelt.pdf (Stand: 21. September 2011).

Becker, D. (2006). *Die Erfindung des Traumas – verflochtene Geschichten.* Freiburg: Edition Freitag.

Berry, J.W. & Sam, D.L. (1997). Acculturation and Adaptation. In: J.W. Berry, M.H. Segall, C. Kagitçibasi *(Hrsg.), Handbook of cross-cultural psychology. Social behavior and applications (S. 291-326). Needham Heights: Allyn & Bacon.*

Berthold, Thomas; Espenhorst, Niels (2010). Alt aussehen lassen. In: *Hinterland* Nr. 14/2010, S.47-49.

Bohleber, W. (2000). Die Entwicklung der Traumatheorie in der Psychoanalyse. *Psyche. Zeitschrift für Psychoanalyse und ihre Anwendungen, 54, S.* 797-839.

Bourdieu, P. et al. (2005). *Das Elend der Welt.* Gekürzte Studienausgabe. Konstanz: Universitätsverlag Konstanz (UVK). (Original erschienen 1993: La misère du monde.

Bundesministerium des Inneren / Bundesamt für Migration und Flüchtlinge (2010). *Migrationsbericht des Bundesamtes für Migration und Flüchtlinge im Auftrag der Bundesregierung, Migrationsbericht 2009.* Berlin: BMI.

Bundesamt für Migration und Flüchtlinge (2011). *Aktuelle Zahlen zu Asyl. Ausgabe Mai 2011. Tabellen, Diagramme, Erläuterungen.* Verfügbar unter: http://www.bamf.de/SharedDocs/Anlagen /DE/Downloads/Infothek/Statistik/statistik-anlage-teil-4-aktuelle-zahlen-zu-asyl.pdf?blob=publicationFile (Stand: 18. Juli 2011).

B-UMF e.V. (n.d.a). *Positionspapier* Altersfestsetzung. Verfügbar unter: http://www.b-umf.de/images/stories/dokumente/ altersfestsetzungpositionspapier.pdf(Stand: 8. Juli 2011).

B-UMF e.V. (n.d.b). *Gesellschaftliche Beteiligung von jungen Flüchtlingen.* Verfügbar unter: http://www.b-umf.de/index.php?/Themen/ gesellschaftliche-beteiligung.html (Stand: 25. September 2001).

B-UMF e.V. (2009). *Standards für den Umgang mit unbegleiteten minderjährigen Flüchtlingen. Handlungsleitlinien zur Inobhutnahme gemäß § 42 SGB VIII* (4. überarbeitete Aufl.). München: B-UMF e.V.
Verfügbar unter: http://www.b-umf.de/images /stories/dokumente/handlungsleitfaden-4.auflage-2009.pdf (Stand: 8. Juli 2011).

B-UMF e.V. (2010). *Pressemitteilung des B-UMF e.V. Vorrang für Kinderrechte nach 18 Jahren des Wartens.* Verfügbar unter: http://www.b-umf.de/images/stories/dokumente/ presse/pm-rcknahme-vorbehalt-mai-2010.pdf (Stand: 9. Juli 2011).

B-UMF e.V. (2011). *Im Jahr 2010 erreichten über 4.200 UMF das Bundesgebiet. Eine Auswertung des bundesweiten Zugangs von UMF*. Verfügbar unter: http://www.b-umf.de/images/inobhutnahmen-2010-b-umf.pdf (Stand: 9. Juli 2011).

Davison, G. C., Neale, J. M. & Hautzinger, M. (2007). *Klinische Psychologie. Ein Lehrbuch:.* 7. Aufl. Weinheim, Basel: Beltz Verlag.

Deutscher Caritasverband e.V. & Diakonisches Werk der EKD (2009). *Kettenduldungen beenden – humanitäres Bleiberecht sichern. Erfahrungsbericht zur Praxis der Bleiberechtsregelung vom November 2006 und August 2007.* Verfügbar unter: http://www.proasyl.de/fileadmin/fm-dam/j_Bleiberecht/Caritas_DiakonieBleiberechtsbroschuere_2 009.pdf (Stand: 4. Juli 2011).

Devereux, G. (1973). *Angst und Methode in den Verhaltenswissenschaften.* (C. Neubaur & K. Kersten, Übers.). München: Carl Hanser Verlag. (Original erschienen 1967: From Anxiety to Method in the Behavioral Sciences)

dpa (2010): *FDP-Niebel: Deutschland braucht Zuwanderung.* In: nordbayrischer-kurier.de. Verfügbar unter: http://www.nordbayerischer-kurier.de/nachrichten/ 1295248/details18.htm (Stand: 25. September 2011).

epd (2011): *WELTFLÜCHTLINGSTAG: Wulff fordert einheitlichen Flüchtlingsschutz in* Europa. Friedrich gegen Großzügigkeit bei Wirtschaftsmigranten. In: Märkische Allgemeine.de.Verfügbar unter: http://www.maerkischeallgemeine.de/cms/ beitrag/12111223/492531/Friedrich-gegen-Grosszuegigkeit-bei-Wirtschaftsmigranten-Wulff-fordert-einheitlichen.html (Stand: 24. September 2011).

Espenhorst, Niels (2010). Unbegleitete minderjährige Flüchtlinge in der Zwickmühle zwischen Jugend- und Ausländerrecht. In:

Stiftung Mitarbeit (Hrsg.), *Freiwilliges Engagement von Flüchtlingen für Flüchtlinge.* Bonn: Stiftung Mitarbeit. Verfügbar unter: http://www.b-umf.de/images/stories/dokumente/publikation_zwickmhle_2010.pdf (Stand: 8.Juli 2011).

Franke, A. (1997). Über den Autor. In: A. Antonovsky, Salutogenese. Zur Entmystifizierung der Gesundheit (S. 13). Tübingen: dgvt-Verlag.

Flick, U. (2010). *Qualitative Sozialforschung. Eine Einführung.* 3. Aufl. Reinbek bei Hamburg: Rowohlt Taschenbuch Verlag.

Flick, U., von Kardoff, E. & Steinke, I. (2010). Was ist qualitative Forschung? Einleitung und Überblick. In: U. Flick, E.v.Kardoff & I. Steinke (Hrsg.), *Qualitative Forschung. Ein Handbuch* (S. 13-29). 8. Aufl. Reinbek bei Hamburg: Rowohlt Taschenbuch Verlag.

Graessner, S. (2002). *Erinnerungen und Pseudoerinnerungen, Suggestion und Deckerinnerungen bei Flüchtlingen im Asylverfahren.* Verfügbar unter:
http://www.traumapolitik.de/index.php?view=article&catid=34%3Aessays&id=61%3Aerinnerungen-und-pseudoerinnerungen-suggestion-und-deckerinnerungen-bei-fluechtlingen-im-asylverfahren&format=pdf&option=com_content&Itemid=18 (Stand: 5. August 2011).

Goodman, J.H. (2004). Coping With Trauma and Hardship Among Unaccompanied Refugee Youths From Sudan. *Qualitative Health Research*, 14 (9), 1177-1196.

Grinberg, León & Grinberg, Rebeca (1990). *Psychoanalyse der Migration und des Exils.* (Flavio C. Ribas, Übers.) Wien und München: Verlag Internationale Psychoanalyse. (Original erschienen 1984: Psicoanálisis de la Migración y del Exilio).

Grossman, K.E. & Grossmann, K. (2007). „Resilienz" – Skeptische Anmerkungen zu einem Begriff. In: I. Fooken & J. Zinnecker

(Hrsg.), *Trauma und Resilienz. Chancen und Risiken lebens-geschichtlicher Bewältigung von belasteten Kindheiten* (S. 29-46). Weinheim und München: Juventa.

Fischer, G. & Riedesser, P. (2003). *Lehrbuch der Psychotraumatologie.* 3. Aufl. München: Ernst ReinhardtVerlag.

Fritzsche, Karl, Peter (2010). Menschenrechtsbildung – (nicht nur) für unbegleitete minderjährige Flüchtlinge. In P. Dieckhoff (Hrsg.), *Kinderflüchtlinge. Theoretische Grundlagen und berufliches Handeln* (S. 159-167). Wiesbaden: VS Verlag für Sozialwissenschaften.

Halcón, L.L., Robertson, C.L., Savik, K., Johnson, D.R., Spring, M.A., Butcher, J.N., Westermeyer, J.J. & Jaranson, J.M. (2004). Trauma and Coping in Somali and Oromo Refugee Youth. *Journal of Adolescent Health,* 35, 17-25.

Herman, Judith Lewis (1994). *Die Narben der Gewalt: Erfahrungen verstehen und überwinden.* (Verena Koch und Renate Weitbrecht, Übers.) München: Kindler. (Original erschienen: 1992: Trauma and Recovery).

Hillebrandt, R. (2004). *Das Trauma in der Psychoanalyse. Eine psychologische und politische Kritik an der psychoanalytischen Traumatheorie.* Gießen: Psychosozial-Verlag.

Hopf, C. (2010). Qualitative Interviews – ein Überblick. In: U. Flick, E.v.Kardoff & I. Steinke (Hrsg.), *Qualitative Forschung. Ein Handbuch* (S. 349-360). 8. Aufl. Reinbek bei Hamburg: Rowohlt Taschenbuch Verlag.

Kampelmann, S. (2005). Unbegleitete Minderjährige Flüchtlinge: Ihre Lebenssituation und Aufgaben der Jugendhilfe. In: K. Feld, J. Freise & A. Müller (Hrsg.), *Mehrkulturelle Identität im Jugendalter. Die Bedeutung des Migrationshintergrundes in der sozialen Arbeit* (S. 201-232). (2. Aufl.). Münster: LIT Verlag.

Kohte-Meyer, I. (2006). Kindheit und Adoleszenz zwischen verschiedenen Kulturen und Sprachen. In: E. Wohlfahrt & M.
Zaumseil (Hrsg.), *Transkulturelle Psychiatrie – Interkulturelle
Psychotherapie. Interdisziplinäre Theorie und Praxis* (S. 81-
94). Heidelberg: Springer.

Keilson, H. (1979/2005). *Sequentielle Traumatisierung bei Kindern.
Untersuchung zum Schicksal jüdischer Kriegswaisen.* Gießen:
Psychosozial-Verlag.

Koop, I.I. (2001). *Narben auf der Seele: Integrative Traumatherapie
mit Folterüberlebenden. Zeitschrift für Politische Psychologie,
9 (1), 561-584.*

Lazarus, R.S. & Folkman, S. (1984). *Stress, Appraisal and Coping.*
New York: Springer.

Lazarus, R.S & Folkman, S. (1987). Transactional theory and research
on emotions and coping. *European Journal of Personality*, 1,
141-169.

Machleidt, W. (2004). Das Fremde im Ich- das Ich in der Fremde.
Psychotherapie mit Migranten. In: S. Gunkel & Kruse, G.
(Hrsg.), *Salutogenese, Resilienz und Psychoth*erapie: Was hält
gesund? – Was bewirkt Heilung?* (S. 295-308). Hannover:
Hannoversche Ärzte-Verlags-Union.

Maercker, A. (2009). Symptomatik, Klassifikation und Epidemiolo-
gie. In: A. Maercker (Hrsg.), *Posttraumatische Belastungsstörung* (S. 13-32). 3. Aufl. Heidelberg: Springer.

Mayring, P. (2002). *Qualitative Sozialforschung. Eine Anleitung zum
qualitativen Denken.* (5. Aufl.). Weinheim und Basel: Beltz
Verlag.

Mayring, P. (2010). *Qualitative Inhaltsanalyse.* In: U. Flick,
E.v.Kardoff & I. Steinke (Hrsg.), *Qualitative Forschung. Ein*

Handbuch (S. 468-475). 8. Aufl. Reinbek bei Hamburg: Rowohlt Taschenbuch Verlag.

Mecheril, Paul (2010). Migrationspädagogik. Hinführung zu einer Perspektive. In: S. Andresen, K. Hurrelmann, C. Palentien & W. Schröer (Hrsg.), *Migrationspädagogik* (S. 7-22). Weinheim und Basel: Beltz Verlag.

Nadig, Maya (2006). Transkulturelle Spannungsfelder in der Migration und ihre Erforschung. In: E. Wohlfahrt & M. Zaumseil (Hrsg.), *Transkulturelle Psychiatrie – Interkulturelle Psychotherapie. Interdisziplinäre Theorie und Praxis* (S. 81-94). Heidelberg: Springer.

Nadig, Maya und Reichmmayr, Johannes (2010). Paul Parin, Fritz Morgenthaler und Goldy Parin Matthèy. In: U. Flick, E.v.Kardoff & I. Steinke (Hrsg.), *Qualitative Forschung. Ein Handbuch* (S. 349-360). 8. Aufl. Reinbek bei Hamburg: Rowohlt Taschenbuch Verlag.

Noske, Barbara (2010). *Herausforderungen und Chancen. Vormundschaften für unbegleitete minderjährige Flüchtlinge in Deutschland.* München: B-UMF e.V.

Nuscheler, Franz (1988). *Nirgendwo zu Hause. Menschen auf der Flucht.* München: Deutscher Taschenbuch Verlag GmbH & Co. KG.

Nuscheler, Franz (2004). *Internationale Migration: Flucht und Asyl.* 2. Aufl. Wiesbaden: VS Verlag für Sozialwissenschaften.

Nuscheler, Franz (2005). *Lern- und Arbeitsbuch Entwicklungspolitik* (6. Aufl.). Bonn: Dietz.

Parusel, Bernd (2009). *Unbegleitete minderjährige Migranten in Deutschland - Aufnahme, Rückkehr und Integration.* Nürnberg: Bundesamt für Migration und Flüchtlinge.

Pelzer, Marei (2008). *Flüchtlinge im Verschiebebahnhof EU. Die EU-Zuständigkeitsverordnung »Dublin II«*. Frankfurt/Main: Förderverein PRO ASYL. Verfügbar unter: http://www.proasyl.de/fileadmin/proasyl/fm_redakteure/Brosc hueren_pdf/PRO_ASYL_Fluechtlinge_im_Verschiebebahnhof _EU.pdf (Stand: 3.Juli 2011).

Petzold, H., Wolf, H.-U. & Josic, Z. (2001). Traumatherapie braucht integrative Modelle. *Integrative Therapie*, 27 (4), 339-343.

REFUGIO München (2010). *Früherkennung von vulnerablen Kindern und Jugendlichen*. München.

Remschmidt, H. Schmidt, M. & Poustka, F. (Hrsg.) (2006). *Multiaxiales Klassifikationsschema für psychische Störungen des Kindes- und Jugendalters nach ICD-10 der WHO. 5. Aufl*. Bern: Huber.

Riedelsheimer, Albert & Wiesinger, Irmela (2004). *Der erste Augenblick entscheidet – Clearingverfahren für unbegleitete minderjährige Flüchtlinge in Deutschland - Standards und Leitlinien für die Praxis*. Karlsruhe: von Loeper Literaturverlag.

Rosenthal, G. (2002): *Erzählte Lebensgeschichten zwischen Fiktion und Wirklichkeit. Zum Phänomen "falscher" Identitäten*. Verfügbar unter: http://www.ssoar.info/ssoar/files/2009/1075/erz%C3%A4hlte %20lebensgeschichten%20 zwischen%20fiktion%20und%20wirklichkeit.pdf (Stand: 5. August 2011).

Rosner, R. (2008). Posttraumatische Belastungsstörung. In: F. Petermann (Hrsg.), *Lehrbuch der Klinischen Kinderpsychologie* (S. 395-412). (6. Aufl.) Göttingen: Hogrefe.

Salman, R. (2001). Sprach- und Kulturvermittlung. Konzepte und Methoden der Arbeit mit Dolmetschern therapeutischen Prozessen. In: T.R. Hegemann & R. Salman (Hrsg.), *Transkultu-relle Psychiatrie. Konzepte für die Arbeit mit Menschen aus anderen Kulturen* (S. 169-190). Bonn: Psychiatrie-Verlag.

Saß, H., Witchen, H.-U., Zaudig, M. & Houben, I. (2003). *Diagnostisches und Statistisches Manual Psychischer Störungen - Textrevision- DSM.IV-TR.* Göttingen: Hogrefe.

Schriefers, S. (2007). *Trauma und Bewältigungsmöglichkeiten –eine subjektwissenschaftliche Untersuchung von Ressourcen in Flüchtlingsbiografien.* Saarbrücken: VDM Verlag Dr. Müller.

Schütz, A. (1971-1972). *Gesammelte Schriften.* (Bd. 1-2). Den Haag: Nijhoff.

Seidler, G.H. (2009). Einleitung: Geschichte der Psychotraumatologie. In: A. Maercker (Hrsg.), *Posttraumatische Belastungsstörung* (S. 3-12). 3. Aufl. Heidelberg: Springer.

Silbereisen, R.K. & Schmitt-Rodermund (1998). Entwicklung im Jugendalter: Prozesse, Kontexte und Ergebnisse. In: H. Keller (Hrsg.), *Lehrbuch Entwicklungspsychologie* (S. 377-398). Bern: Verlag Hans Huber.

Sluzki, C.E. (2001). Psychologische Phasen der Migration und ihre Auswirkungen. In: T.R. Hegemann & R. Salman (Hrsg.), *Transkulturelle Psychiatrie. Konzepte für die Arbeit mit Menschen aus anderen Kulturen* (S. 101-115). Bonn: Psychiatrie-Verlag.

Suedfeld, P., Krell, P., Wiebe, R.E. & Steel, G.D. (1996). Coping strategies in the narratives of holocaust survivors. *Anxiety, Stress & Coping,* 10, 153-179.

Thielen, M. (2009). Freies Erzählen im totalen Raum? – Machtproze duren des Asylverfahrens in ihrer Bedeutung für biografische Interviews mit Flüchtlingen. *Forum: Qualitative Sozialforschung,* 10, (1), Art. 39. Verfügbar unter:

www.qualitativeresearch.net/index.php/fqs/article/download/1 223/2664 (Stand: 10. August 2011).

Tedeschi, R.G. & Calhoun, L.G. (1996). The posttraumatic growth inventory: Measuring the positive legacy of trauma. *Journal of Traumatic Stress, 9, 455-471.*

UNHCR (n.d.). *Abkommen über die Rechtsstellung der Flüchtlinge vom 28. Juli 1951.* Verfügbar unter: http://www.unhcr.org/cgi-bin/texis/vtx/refworld/rwmain/opendocpdf.pdf?reldoc=y&doci d=48ce50912 (Stand: 26. September 2011).

UNHCR (2011). *UNHCR Global Trends 2010.* Verfügbar unter: http://www.unhcr.de/service/zahlen-und-statistiken.html (Stand: 12. Juli 2011).

Van der Veer, G. (1998). *Counselling and Therapy with Refugees and Victims of Trauma. Psychological Problems of War, Torture and Repression.*(2nd ed.). Chichester: John Wiley & Sons.

Volmerg, B. (1988). Erkenntnistheoretische Grundsätze interpretativer Sozialforschung in der Perspektive eines psychoanalytisch reflektierten Selbst- und Fremdverstehens. In. T. Leithäuser & B. Volmerg (Hrsg.), *Psychoanalyse in der Sozialforschung* (S. 131-179). Opladen: Westdeutscher Verlag.

Von Hagen, C. & Röper, G. (2007). Resilienz und Ressourcenorientierung – Eine Bestandsaufnahme. In: I. Fooken & J. Zinnecker (Hrsg.), *Trauma und Resilienz. Chancen und Risiken lebensgeschichtlicher Bewältigung von belasteten Kindheiten* (S. 15-28). Weinheim und München: Juventa.

Weiser, Barbara (2010). *Junge Asylsuchende / Flüchtlinge brauchen Zugang zu Bildung und Arbeit. Eine Handreichung für die Beratungspraxis.* Osnabrück: Caritasverband für die Diözese Osnabrück e.V. Verfügbar unter: http://www.asyl.net/fileadmin/user_upload/redaktion/Dokume

nte/2010-12-00_Handreichung_Jugendliche.pdf (Stand: 4. Juli 2011)

Wilson, T. P. (1973). Theorien der Interaktion und Modelle soziologischer Erklärung. In: Arbeitsgruppe Bielefelder Soziologen (Hrsg.), *Alltagswissen, Interaktion und gesellschaftliche Wirklichkeit Bd. 1. Symbolischer Interaktionismus und Ethnomethodologie* (S. 54-79). Reinbek bei Hamburg: Rowohlt.

Wolff, S. (2010). Wege ins Feld und ihre Varianten. In: U. Flick, E.v.Kardoff & I. Steinke (Hrsg.), *Qualitative Forschung. Ein Handbuch* (S. 334-348). 8. Aufl. Reinbek bei Hamburg: Rowohlt Taschenbuch Verlag.

Zaumseil, M. (2006). Beiträge der Psychologie zum Verständnis des Zusammenhangs von Kultur und psychischer Gesundheit bzw. Krankheit. In: E. Wohlfahrt & M. Zaumseil (Hrsg.), *Transkulturelle Psychiatrie – Interkulturelle Psychotherapie. Interdisziplinäre Theorie und Praxis* (S. 3-50). Heidelberg: Springer.

Zöllner, T., Calhoun, L.G. & Tedeschi, R.G. (2006). Trauma und persönliches Wachstum. In: A. Maercker & R. Rosner (Hrsg.), *Psychotherapie der posttraumatischen Belastungsstörungen* (S.36-47). Stuttgart: Georg Thieme Verlag:

Transkripte:

M I:	1. Interview mit Mustafa
M II:	2. Interview mit Mustafa
Al I:	1. Interview mit Ali
Al III:	3. Interview mit Ali
A I:	1. Interview mit Amadou
A II:	2. Interview mit Amadou
T:	Interview mit Tedros
F:	Interview mit Farid

Forschungstagebuch